1987
6월민주항쟁

천천히읽는책 _64
1987 6월민주항쟁

글 오진원

펴낸날 2023년 7월 20일 초판1쇄 | 2025년 8월 20일 초판3쇄
펴낸이 김남호 | 펴낸곳 현북스
출판등록일 2010년 11월 11일 | 제313-2010-333호
주소 07207 서울시 영등포구 양평로 157 투웨니퍼스트밸리 801호
전화 02)3141-7277 | 팩스 02)3141-7278
홈페이지 http://www.hyunbooks.co.kr | 인스타그램 hyunbooks
ISBN 979-11-5741-381-2 73910

편집장 전은남 | 책임편집 류성희 | 디자인 디.마인 | 마케팅 송유근 함지숙

글 ⓒ 오진원 2023

이 책은 저작권법에 의하여 보호를 받는 저작물이므로 무단 전재 및 복제를 금지하며,
이 책 내용의 전부 또는 일부를 이용하려면 반드시 저작권자와 현북스의 허락을 받아야 합니다.

2024 어린이도서연구회 어린이·청소년 책 추천도서

⚠ 주의 종이에 베이거나 긁히지 않도록 조심하세요. 책 모서리가 날카로우니 던지거나 떨어뜨리지 마세요.

1987
6월민주항쟁

글 오진원

현북스

| 머리말 |

6월민주항쟁의 정신은 지금도 진행 중!

1987년 6월.
거리를 가득 메운 시민들이 모두 힘을 모아 외쳤어요.

"독재 타도!"
"호헌 철폐!"

여기에는 민주주의를 향한 시민들의 마음이 담겨 있었지요.

독재자들은 말했어요. 독재를 반대하는 사람들은 국가를 위태롭게 하는 공산주의자라고. 그래서 민주화 운동을 하는 사람들을 '국가보안법'이라는 무시무시한 이름으로 잡아들이곤 했어요.

하지만 우리는 알아요. 독재의 반대는 공산주의가 아니라 민주주의라는 것을 말이에요.

민주주의란 한 사람이 모든 권력을 쥐고 마음대로 하는 독재와 달리 구성원들이 힘을 합쳐 함께 일을 해 나가는 것이에요.

그러니 민주주의는 국가뿐 아니라 모든 공동체에서 반드시 지켜져야 해요. 여러분이 다니는 학교에서는 물론 친구들 사이에서도 말이에요.

1987년 6월 거리를 메운 사람들의 힘으로 우리나라는 민주주의에 한 걸음 더 다가섰어요.
"민주주의가 이루어진 게 아니라, 한 걸음 더 다가섰다고요?"
혹시 이런 의문이 들지도 모르겠어요.

사실 민주주의란 완성형이 아니라 진행형이에요. 한 가지 민주화가 이루어지면 민주화되지 않은 부분이 눈에 띄게 되고, 그럼 다시 민주화를 위해 노력해야 하는 거지요. 무엇보다 민주화를 뒤엎고 독재를 하려는 세력은 언제든지 나올 수 있어요. 그러니 민주주의는 끊임없는 진행형인 셈이지요.
우리가 민주주의를 계속 외쳐야 하는 까닭은 바로 여기에 있어요. 그리고 이것이야말로 1987년 6월민주항쟁의 정신이랍니다.

오진원

| 차례 |

머리말 4

수상한 죽음

'탁' 치니 '억' 하고 죽었다 • 10
참고인 박종철 • 21
돌아오지 못한 아이들 • 32
국민추도회 • 37

개헌 대 호헌

4·13 호헌조치 • 48
전두환, 돌아올 수 없는 다리를 건너다 • 52
호헌 철폐 투쟁 • 60
직선제 개헌의 열망 • 68

민주헌법쟁취 국민운동본부

조작, 축소된 죽음 • 76
민주헌법쟁취 국민운동본부의 발족 • 82
6·10 국민대회를 설계하다 • 85

제4부

6월민주항쟁, 시민혁명이 되다

우연히 시작된 명동성당 농성 • 98
최루탄을 추방하라 • 103
온 나라에 퍼진 시위 • 112
시민의 승리 • 116

제5부

새로운 헌법과 제6공화국

대통령 직선제 • 124
군인의 정치적 중립성 • 128
헌법재판소 • 134
새로운 세상을 꿈꾸며 • 142

부록

한눈에 보는 6월민주항쟁과 민주화의 역사 • 146

제1부

수상한 죽음

'탁' 치니 '억' 하고 죽었다

누군가 갑자기 탁자를 '탁' 하고 내리치는 바람에 앞에 있던 사람이 놀라서 '억' 하며 쓰러져 죽었다는 말 들어 봤니?

"에이, 말도 안 돼요. 탁자를 내리친다고 놀라 죽는 사람이 어디 있어요?"

맞아. 이런 말이 통할 리가 없지.

하지만 한 대학생을 죽음에 몰아넣고, 전 국민을 상대로 이런 말도 안 되는 거짓말을 한 사건이 있었어.

"국민이 바보인가요? 그런 거짓말이 통할 리가 없잖아요."

그렇지. 국민들은 그 말을 믿지 않았어. 하지만 그 말이 거짓말이라고 함부로 말할 수는 없었어. 그때는 아무리 맞는 말이라 해도 함부로 말했다가는 쥐도 새도 모르게 어디론가 끌려가 무슨 일을 당할지 모르던 때였거든. 그러니 다들 속으로만 울분을 삭이고 있었지.

지금부터 그때의 이야기를 들려줄게.

다급한 전화

"따르릉."

1987년 1월 14일, 중앙대학교 용산병원 의사 오연상은 응급실장으로부터 다급한 전화를 받았어.

"경찰 조사를 받던 학생이 상태가 안 좋대. 빨리 가 봐."

오연상은 기다리던 경찰과 함께 병원을 나섰어. 잠시 뒤 도착한 곳은 '국제해양연구소'라는 작은 간판이 붙은 건물

5층에 있는 한 방이었지.

방에는 작은 침대가 있었고, 그 위에 팬티만 입은 한 청년이 온몸이 물에 젖은 채 누워 있었어.

경찰이 말했어.

"이 학생이 어제 술을 너무 많이 마셔서 갈증이 난다면서 물을 주전자째 벌컥벌컥 마시더니 숨을 안 쉬더라고요. 빨리 처치해 주십시오."

청진기를 청년의 배에 갖다 대자 꿀렁꿀렁 물소리가 들렸어. 숨은 이미 끊어진 상태였어.

"이미 사망했습니다."

"빨리 살려내세요! 빨리! 반드시 살려내야 하오!"

경찰은 다짜고짜 빨리 살리라고 했어.

오연상은 심폐소생술을 시작했어. 30분이나 계속했지만, 소용없었어. 이미 숨이 돌아올 수 있는 시간이 지난 뒤였어.

오연상은 심폐소생술을 마친 뒤에야 방 안을 둘러볼 수 있었어. 작은 방 안은 욕조와 세면대, 변기, 그리고 작은

간이침대뿐이었어. 청년이 물고문으로 죽었을 거란 생각에 오싹해졌어.

경찰이 급하게 말했어.

"빨리 병원 응급실로 옮기시오. 가서 전기충격기라도 써 봅시다."

오연상은 정신이 번쩍 들었어.

'물고문뿐 아니라 전기고문도 받았나 보다. 그래서 전기 고문의 흔적을 숨기려고 하는 거야. 절대 응급실로 가서는 안 되겠다.'

오연상은 경찰들 몰래 병원으로 전화를 했어.

"지금 병원으로 시신 한 구가 갈 텐데 절대 응급실로 들여서는 안 됩니다."

오연상의 말대로 의사들은 병원 응급실 앞에서 시신이 들어오는 것을 막았어.

"시신은 응급실이 아니라 영안실로 가야 합니다!"

결국 경찰들은 응급실 앞에서 발을 돌릴 수밖에 없었어.

그날 밤, 오연상은 사체 검안서를 썼어.

사망 장소 : 미상
사인 : 미상

오연상이 사망 장소나 사망 원인을 '미상'이라고 기록한 건 그 학생의 사망 원인을 확실히 밝혀야 한다고 생각했기 때문이었어. 사망 장소나 원인이 '미상'인 경우 시신은 변사 처리가 되기 때문에 반드시 검사가 그 원인을 밝혀야만 했거든.

세상 밖으로 알려진 죽음

다음 날 아침, 중앙일보 신성호 기자는 평소와 다름없이 검찰청에서 취재를 하고 있었어.
그런데 검사 한 명이 대뜸 이렇게 말하는 거야.
"경찰 큰일 났습니다."

신성호는 검사의 말에서 뭔가 큰일이 일어났음을 눈치챘지. 그래서 이미 사건을 아는 척하며 대꾸했어.

"그러게 말입니다."

검사는 자연스럽게 말을 이어 갔어.

"서울대생이라며? 아까운 목숨을 또 이런 식으로……. 남영동 애들 너무 막 나가서 큰일이야."

신성호는 화장실로 뛰어 들어가 문을 잠그고 자신이 들은 이야기를 취재 수첩에 써 내려갔어. 하지만 이것만으로 기사를 쓸 수는 없었어. 학생 이름을 알아야 했어.

신성호는 또 다른 검사에게 다가가 자연스럽게 물었지.

"그 서울대생 무슨 과였죠?"

"언어학과."

"학생 이름은 뭐였지요?"

"박종……, 뭐였는데."

신성호는 곧 동료인 서울대 출입 기자에게 연락했어. 동료 기자는 서울대 학적부를 뒤져 이름을 알아냈고, 신성호는 기사를 썼어.

경찰에서 조사받던 대학생 "쇼크사"

14일 연행되어 치안본부에서 조사를 받아 오던 공안사건 관련 피의자 박종철 군(21. 서울대 언어학과 3년)이 이날 하오 경찰 조사를 받던 중 숨졌다.

경찰은 박 군의 사인을 쇼크사라고 검찰에 보고했다.

그러나 검찰은 박 군이 수사기관의 가혹행위로 인해 숨졌을 가능성에 대해 수사 중이다.

- 중앙일보 1987년 1월 15일 기사 중

이렇게 해서 박종철의 죽음은 세상 밖으로 처음 알려졌어.

'탁' 치니 '억' 하고 죽었다

소식을 들은 박종철의 아버지와 형은 부산에서 서울로 부랴부랴 올라왔어. 경찰은 두 사람을 박종철이 죽은 바로 그곳, '국제해양연구소'로 데려갔지.

박종철의 아버지와 형은 커다란 탁자를 가운데 두고 경찰과 마주 앉았어.

박종철 군의 죽음을 발표하는 경찰. 경찰이 책상을 '탁' 하고 치니 박종철 군이 갑자기 '억' 하며 쓰러져서 죽었다고 했어. (사진·뉴스 화면)

박종철의 아버지가 울분에 찬 목소리로 따져 물었지.

"우짜니까 죽드노? 우예 죽였노?"

"쾅!"

경찰은 대답 대신 갑자기 탁자를 세게 내리쳤어. 두 사람은 깜짝 놀랐어.

그러자 경찰이 말했어.

"그거 보세요. 놀라셨죠? 아드님도 그렇게 놀라더니 푹 앞으로 고꾸라져서 죽더라고요."

다른 말은 없었어. 오직 그 말뿐이었지.

가족들에게만 이렇게 말한 게 아니었어. 국민들에게도 이렇게 발표했지.

"경찰이 책상을 세게 '탁' 하고 두드리자 박종철이 의자에 앉은 채 갑자기 '억' 하는 소리를 지르며 쓰러져 사망했습니다. 조사 당시 수사관의 가혹행위는 절대 없었습니다."

드러난 진실

경찰의 발표를 믿는 사람들은 없었어. 그러나 진실을 알 수 있는 방법은 없었지.

하지만 언제나 진실을 파헤치는 사람들은 있기 마련이었어. 동아일보 윤상삼 기자도 그 가운데 한 명이었어. 윤상삼은 의사 오연상이 당시 사건 현장을 봤다는 사실을 알아냈어. 하지만 취재는 쉽지 않았어. 오연상에겐 경찰의 감시

조가 붙어 있어서 사람들의 접근을 막고 있었거든. 윤상삼은 화장실에 숨어 오연상이 나타나길 기다렸어. 그리고 마침내 오연상을 만날 수 있었지.

"바닥이 물로 흥건했습니다. 욕조가 있었고요. 폐에서 수포음도 들렸습니다."

윤상삼은 오연상의 증언을 바탕으로 기사를 작성했고, 동아일보는 박종철의 죽음에 대한 의문을 제기했어.

이에 앞서 14일 숨진 박 군의 사체를 대공수사2단 취조실에서 처음 검안한 중앙대부속 용산병원 내과전문의 오연상 씨(32)는 "14일 오전 11시 45분경 박 군을 처음 보았을 때는 이미 숨진 상태였고 호흡 곤란으로 사망한 것으로 판단됐으며 물을 많이 먹었다는 말을 조사관들로부터 들었다"고 밝혔다.

오 씨의 말은 박 군의 사망 경위와 관련, 경찰이 "14일 오전 10시 50분경 신문에 들어갔는데 신문 도중 박 군이 갑자기 '억' 소리를 지르며 쓰러져 중앙대부속병원으로 옮겼으나 12시경 숨졌다"는 내용과 서로 엇갈렸다.

- 동아일보 1987년 1월 17일 기사 중

박종철의 사인을 밝히기 위한 부검도 실시됐어. 국립과학수사연구소 소속 황적준 박사가 집도한 부검 결과는 "경부압박에 의한 질식사"였어. 게다가 폐에서는 물에 사는 플랑크톤이 발견됐지. 즉, 박종철의 사인은 물고문 과정에서 욕조 턱에 목이 눌렸기 때문이라는 사실이 밝혀진 거야.

황적준은 부검 소견을 '심장마비'로 바꾸라는 압력에 시달렸어. 하지만 그럴 수는 없었어. 부검의는 본 대로 느낀 대로 해야 한다는 믿음 때문이었지.

결국 경찰은 물고문을 인정할 수밖에 없었어.

"머리를 한 차례 욕조 물에 잠시 집어넣었다가 내놓았으나 계속 진술을 거부하면서 완강히 반항하자, 다시 머리를 욕조 물에 밀어 넣는 과정에서 질식 사망한 것으로 판명되었습니다."

'탁' 하고 치니 '억' 하고 죽었다는 말이 엉터리 거짓말이었다는 것이 드디어 세상에 드러나게 된 거야.

참고인 박종철

국제해양연구소의 비밀

박종철이 물고문을 받다 죽은 건물엔 '국제해양연구소'라는 간판이 붙어 있었다고 했지? 아무래도 좀 이상하게 느껴질 거야. 국제해양연구소라는 곳에서 그런 끔찍한 일이 일어날 리는 없으니까 말이야.

사실 국제해양연구소란 간판은 가짜야. 그곳은 경찰청에서 간첩 혐의자를 취조하기 위해 만든 대공분실의 하나였어. 지하철 1호선 남영역 옆에 있어서 '남영동 대공분실'이라고 불리던 곳이었지. 대공분실은 남영동 말고도 여러 곳에 있었어. 하지만 모두 이곳처럼 엉뚱한 간판을 달고 있었어. 그만큼 이곳은 아주 비밀스러운 곳이었어.

  그런데 박종철은 왜 간첩 혐의자를 취조하는 이곳으로 끌려간 걸까? 간첩이 아니라 그저 평범한 대학생이었는데 말이야.

  여기엔 또 하나의 비밀이 있어. 남영동 대공분실은 간첩 혐의자를 취조하기도 했지만, 그보다는 민주화운동을 하는 사람들을 몰래 잡아다 온갖 고문으로 취조하는 곳으로 더 유명했어. 민주화운동은 국가를 위태롭게 하는 일이라면서 말이야.

  1987년 1월 14일 새벽, 박종철은 하숙집으로 찾아온 경찰들에 의해 이곳으로 끌려왔어. 사람을 연행하려면 영장이 있어야 했지만, 당시는 영장따윈 무시되기 일쑤였어. 자신이 왜 끌려가는지도 모른 채 끌려가곤 했지.

박종철이 끌려갔던 남영동 대공분실. 박종철이 죽은 5층은 창문이 세로로 좁게 나 있어. 이렇게 창을 좁게 만든 것은 창밖으로 뛰어내리는 것을 막기 위해서라고 해. 현재 남영동 대공분실은 민주인권기념관으로 바뀌었어. (사진·위키피디아)

박종철이 죽음을 맞은 남영동 대공분실 내부. 물고문의 증거인 욕조가 그날의 비극을 떠오르게 해. (사진·위키피디아)

박종철도 그렇게 끌려갔어. 경찰은 한 건물 앞에 차를 세우고 원형 계단을 한참 올라가게 했어. 끝없이 계속되는 계단은 몇 층에 올라왔는지 가늠조차 할 수 없을 만큼 어지러웠어. 그러다 복도 양쪽으로 문이 지그재그로 쭉 펼쳐진 곳에 이르렀고, 그 가운데 한 방에 밀어 넣어졌어.

작은 방엔 세로 모양의 아주 좁은 창문이 있고, 그 아래엔 욕조가 보였지.

"빨리 안 대나? 그놈이 어디 있는지 소재를 알 것 아니야. 빨리 그놈 소재지를 대라고!"

경찰은 취조를 하기 시작했어.

경찰이 찾는 건 국가보안법으로 수배 중이던 학교 동아리 선배인 박종운이었어.

국가보안법이라니, 무시무시한 것 같지? 국가보안법은 '국가의 안전을 위태롭게 하는 반국가 활동을 규제'하는 법이야. 그런데 당시는 민주화운동도 국가의 안전을 위태롭게 하는 활동이라 해서 국가보안법으로 구속하는 일이 아주 흔했어. 박종철의 선배 박종운이 국가보안법으로 수배를 받게 된 것도 그 때문이었지.

　박종철이 대답을 하지 않자 온갖 고문이 시작됐어. 그 가운데 하나가 물고문이었어. 욕조에 물을 받아 놓고, 그 앞에 꿇어 앉혔어. 그리고 뒷머리를 잡고 고개를 욕조 안으로 밀어 넣었지. 뒤에서 머리를 밀고 있었기 때문에 숨이 막혀도 고개를 들 수가 없었어. 그러기를 수 차례, 박종철은 욕조 턱에 목이 눌리면서 죽고 말았어.

겨울, 꽁꽁 얼어붙은 대한민국

 박종철은 수배자도 아니었어. 수배자를 찾기 위한 참고인이었을 뿐이야. 그런데 경찰은 박종철에게 왜 그토록 심한 고문을 했던 걸까?

 사건이 일어난 1987년 1월, 대한민국의 민주화 세력은 꽁꽁 얼어붙어 있었어. 그도 그럴 것이 1986년 한 해 동안 민주화운동으로 구속된 사람의 수는 지난 5년(1981년~1985년) 동안의 구속자 수보다 2.5배나 많았어. 수배된 사람들의 수도 엄청났어. 상황이 이렇다 보니 어쩔 수 없이 민주화운동 세력은 몸을 사릴 수밖에 없었어. 모두 때를 기다리며 조용히 숨어 있었지.
 당시 대통령은 1980년 광주민주화운동을 짓밟은 전두환이었어. 전두환 정권은 시국 관련 시위가 벌어지기만 하면 엄청난 최루탄을 쏘아댔지. 또 쇠 파이프와 몽둥이를 휘두르며 사람들을 연행했어. 불온한 내용의 책을 판매한다는 이유로 서점을 압수수색하고, 서점 주인을 연행하기도 했어. 검거된 사람들은 잔인한 고문을 당해야 했어. 물고문, 전기고문, 날개꺾기, 통닭구이, 성고문 등 상상하기도 힘든 갖가지 고문이 판을 쳤어.

1986년은 개헌 논의가 급물살을 타고 있었어. 군사 반란을 일으켜 권력을 잡고, 광주 시민들을 학살한 전두환과 군인들이 권력을 대물림하는 걸 원하지 않는 시민들이 점점 늘어나고 있었어.

하지만 전두환 정권은 개헌을 원하지 않았어. 자신과 함께 모든 일을 해 왔던 노태우에게 지금처럼 안전한 방법으로 대통령 자리를 물려주고 싶어 했지. 그래야 자신이 대통령직에서 물러나도 안전을 보장받을 테니까 말이야.

전두환 정권이 생각해 낸 방법은 민주화운동 세력을 초토화하는 것이었어. 그래서 시위가 있을 때면 무조건 강경 진압을 지시했고, 무자비한 수배령을 내렸어. 만일 수배자들이 특정 지역을 통과했거나 은신한 것이 알려질 경우 담

당자를 문책하겠다는 지침을 내리기도 했어. 대신 주요 수배자들 검거에는 특진과 격려금이 내걸렸지.

사정이 이렇다 보니 수배자들을 잡기 위해 경찰은 온갖 수단과 방법을 가리지 않았어. 박종철이 영장도 없이 끌려가 고문을 당해 죽은 건 바로 이런 분위기에서 나온 결과였던 거야.

잠시 불심검문 있겠습니다!

　길을 지나가는데, 갑자기 경찰이 자신을 불러 세우고 신분증을 제시하라 하고, 소지품을 검사한다면 어떨까?
　아마 말도 안 되는 소리라 생각할 거야.
　그런데 1980년대는 이런 일이 아주 흔했어.
　"잠시 불심검문 있겠습니다!"
　경찰이 다가와 이렇게 말하면 사람들은 꼼짝없이 불심검문에 응해야 했어. 시위가 벌어진다는 정보를 입수할 경우, 불심검문은 더 심해졌지. 만약 시위용품이나 불온서적 등을 갖고 있었다면 당장 경찰서로 끌려가야 했어.
　불심검문이 하도 심하다 보니 같은 사람이 하루에도 몇 번씩 당하는 경우도 생겼지. 그만큼 당시 불심검문은 아주 흔하고 흔했어.

　원래 불심검문은 범죄를 저질렀거나 저지르려 한다는 의심이 드는 사람들을 대상으로 이루어지게 되어 있어. 지금도 불심검문은 있어. 아주 잠깐, 불심검문이 인권탄압이라는 이유로 중지된 적은 있었지만 다시 부활했지. 불심검문이 범죄자를 체포하는 데 효과가 있다는 판단 때문이었어.

하지만 이 시대엔 불심검문이 이런 이유로 이루어지는 경우는 별로 없었어. 불심검문은 대개는 대학생 등 민주화 세력을 탄압하는 도구로만 이용됐지.

언젠가 텔레비전에서 한 연예인이 자신은 인상이 안 좋아서 불심검문을 많이 받아 봤다고 말하는 걸 본 적이 있어. 이런 일을 당해서는 안 되겠지만 혹시라도 이런 일을 당한다면 경찰의 요구에 반드시 응해야 할 의무는 없어. 소지품 검사 또한 마찬가지야. 그러니 억울하게 불심검문을 당한다면 단호히 이를 거절할 수 있어야 해.

돌아오지 못한 아이들

"멀쩡한 학생이 물고문으로 죽는다는 게 말이나 됩니까?"

"피의자도 아니고 참고인이었다면서요? 참고인에게 물고문이 말이 됩니까?"

"기껏 키워 놓은 자식이 죽다니요? 어미 맘을 안다면 그렇게는 못합니다!"

"이런 상황이라면 무서워서 자식을 학교에나 보내겠습니까?"

박종철이 물고문으로 죽었다는 사실이 보도되자 신문사에는 어머니들의 항의 전화가 빗발쳤어. 신문사는 전화 때문에 업무가 마비될 정도였지.

신문사가 잘못한 것도 아닌데 왜 신문사로 항의 전화를 하는지 궁금할 거야. 당시는 지금과 달리 인터넷이 없었어. 기사를 읽고 쓰는 댓글 같은 건 있을 수가 없었지. 대신 사람들은 종이 신문을 읽었고, 신문사로 전화를 해서 자신의 의견을 밝히곤 했지. 의견이라고 했지만, 실은 항의 전화인 경우가 많았어.

신문사 입장에서는 이런 항의 전화를 무시할 수 없었어. 왜냐하면 이 전화는 시민들의 여론을 보여주는 것이었거든.

그런데 이렇게 신문사로 전화를 거는 사람들 중에는 유독 어머니들이 많았어. 어머니들에게는 박종철의 죽음이 남의 일처럼 느껴지지 않았거든.

"다녀오겠습니다!"

학교에 간다며 멀쩡히 집을 나섰던 아이가 박종철처럼

끌려가 돌아오지 않을 수도 있다는 생각을 하게 된 거야.

박종철처럼 목격자가 있어서 사망 원인을 알 수 있는 경우는 그나마 나은 편이었어. 민주화운동을 하던 대학생들 가운데는 목격자도 없이 시신으로 발견된 경우도 많았거든.

박종철 사건이 나기 전해인 1986년 6월에는 서울대 1학년 김성수 학생이 부산 송도 앞바다에서 콘크리트 덩어리에 묶인 채 발견됐고, 또 1985년에는 서울대 우종원 학생이 경부선 황간역 인근에서 시신으로 발견되기도 했어. 어쩌면 박종철도 목격자가 없었다면 이들처럼 다른 어딘가에 버려졌을 수도 있었을 거야.

사정이 이렇다 보니 어머니들은 불안했어. 집을 나섰던 아이가 길을 가다 잡혀갈 수도 있었으니까. 또 박종철처럼 갑자기 집에 경찰이 들이닥쳐 잡혀갈 수도 있었지. 결국 박종철의 죽음은 누구에게라도 닥칠 수 있는 일이라는 문제의식을 갖게 했어.

그래서일까? 가장 먼저 항의 시위에 나선 건 어머니들과

고 박종철 군 추모제 모습. 경찰의 물고문으로 사망한 고 박종철 군의 추모제를 서울대 교정에서 가진 학생들이 교문 앞으로 행진을 하고 있어. (사진·뉴스뱅크)

여성단체 회원들이었어. 이들은 남영동에 모여 추모 행사를 갖고 시위를 했어.

"다녀오겠습니다!" 인사를 하고 나선 아이들이 모두 다 "다녀왔습니다!" 하고 안전하게 돌아올 수 있는 세상을 꿈꾸면서 말이야.

하지만 아직은 이들과 함께하는 사람들이 적었어. 말했잖아. 이때 대한민국은 꽁꽁 얼어붙어 있었다고. 속으로는 분노하고 있었지만 다들 몸을 사리고 있을 때였다고.

그러나 이들의 행동은 꽁꽁 얼어붙은 대한민국을 녹일 수 있는 작은 불꽃이었어.

천주교 정의구현사제단을 중심으로 '박종철 추도와 고문 근절을 위한 인권 회복' 미사가 열렸고, 대학에서는 추모와 항의 집회가 열렸지. 그리고 박종철을 추모하기 위한 국민추도회도 착착 준비되고 있었어.

국민추도회

고 박종철 군 국민추도회 준비위원회의 발족

박종철의 죽음은 지금껏 체념과 무관심으로 지내왔던 사람들 마음을 뒤흔들었어. 고문과 인권 유린이 이 땅에서 더 이상 일어나서는 안 된다고 생각했어. 그리고 그것이야 말로 우리가 박종철을 추도하는 진정한 길이라고 여겼어.

고문과 인권 유린을
이 땅에서 영원히 근절할 것을
박 군의 주검 앞에서
온 국민이 서약합시다.

- 고 박종철 군 국민추도회 준비위원회 발족 취지문 중

  1월 27일 그동안 여러 계층에서 민주화운동을 하던 사람들이 함께 모여 '고 박종철 군 국민추도회 준비위원회'를 발족했어. 그리고 2월 7일을 국민 추도일로 선포하고, 오후 2시에 서울 명동성당에서 국민추도회를 개최한다고 발표했지.
  사람들의 관심은 즉각 국민추도회에 쏠렸어. 국민추도회 준비위원 수는 무려 9,782명이나 됐어. 정치, 종교, 재야 민주화운동단체, 대학생, 시민 등 각계각층의 사람들이 다 포함되어 있었지.
  "저도 박종철 군 국민추도회 준비위원으로 활동하겠습

니다."

많은 시민들이 전화로, 서면으로, 또는 직접 방문하며 준비위원으로 참여하겠다는 의사를 밝혔어. 불과 열흘 만에 준비위원은 9,782명에서 72,674명으로 늘어났어. 추모 성금도 끊이질 않았지. '고 박종철 군 국민추도회 준비위원회'에서는 서울 명동성당에서 열리는 국민추도회에 참가하지 못하는 사람들을 위해 함께 참여할 수 있는 다양한 방법도 제시했어.

- 오후 2시에 각자의 위치에서 추도 묵념을 올린다.
- 모든 교회와 사찰 등 종교 기관에서는 박 군을 추도하는 타종을 한다.
- 추도회에 참석하는 사람은 꽃 한 송이씩을 갖고 와 헌화한다.
- 오후 2시에 모든 자동차는 추도 경적을 울린다.
- 이날 박 군을 추모하는 뜻에서 검은색 혹은 흰색 리본을 단다.

2월 7일, 고 박종철 군 국민추도회

전두환 정권은 국민추도회를 불법 집회로 간주하고 원천 봉쇄에 나섰어.

국민추도회가 열리기 며칠 전부터 민주화운동단체들은 압수수색을 당했어. 국민추도회 전날엔 전국 105개 대학이 심야 수색을 당했지. 국민추도회가 열릴 예정인 명동성당에서도 성당에 출입하는 사람들에 대한 검문 검색이 이루어졌어.

국민추도회 당일이 되자 명동 인근의 지하철역과 버스 정류장, 주차장은 모두 폐쇄됐어. 건물 옥상은 봉쇄되고 대부분의 상점이 문을 닫았어. 거리에는 끊임없이 검문 검색이 이루어지고 있었지. 명동성당 근처 학교에 다니는 학생들은 학교도 가지 못했어. 당시는 토요일에도 학교 수업이 있었지만, 강제로 학교 문을 닫게 했어.

그렇다면 경찰의 원천 봉쇄는 성공했을까?

명동성당에서 열릴 예정이었던 국민추도회가 제대로 열

천주교 사제와 시민들의 추도 시위. 2월 7일 명동성당에서 열기로 했던 국민추도회는 정부의 원천 봉쇄로 제대로 열리지 못했지만, 도심 곳곳에서 많은 시민이 참여한 가운데 추모 모임과 시위가 이어졌어. (사진·천주교정의구현전국사제단)

리지 못했다는 점에서는 성공했다고 볼 수도 있어.

하지만 사람들은 명동성당에 들어가지 못한다고 추도회를 포기하지는 않았어. 2시가 되자 도로의 자동차들은 경적을 울렸고, 종교 기관에서는 추도의 타종을 울렸어. 또 임시로 길에서 추도미사나 예배를 올리기도 했어. 도심 이곳저곳에서는 시위가 벌어졌어. 그때마다 경찰은 시위대를 해산시키기 위해 마구잡이로 최루탄을 쏘아댔어.

"우 우 우."

"쏘지 마! 쏘지 마!"

시민들이 경찰에게 야유를 퍼붓기 시작했어.

이런 일은 처음이었어. 그동안은 시위가 일어나도 시민들은 외면했고, 경찰이 아무리 최루탄을 쏴도 신경을 안 썼거든. 최루탄을 피해 각자 안전한 곳으로 가면 그만이라는 듯이 말이야.

그런데 시민들 분위기가 달라진 거야. 도로변에 서 있던 시민들은 시위대를 향해 박수를 쳐 주기도 하고, 최루탄 가스에 눈물과 콧물을 흘리면서도 자리를 뜨지 않았어.

"학생들이 무슨 죄냐?"

"경찰은 물러가라!"

경찰에 연행되는 학생들을 보고 몸으로 저지하는 시민들도 있었지. 서울뿐 아니라 국민추도회가 열리는 전국 어디서나 마찬가지였어.

역사를 바꿔 놓은 죽음들

뜻하지 않은 한 사람의 죽음은 때때로 세상을 바꾸기도 해. 박종철의 죽음이 그랬어. 박종철의 죽음은 꽁꽁 얼어붙어 있던 사람들 마음에 균열을 일으켰어. 그리고 그 틈으로 사람들이 마음속에 꽁꽁 감춰 두었던 전두환 정권에 대한 분노가 터져 나오기 시작했어. 박종철의 죽음을 추모하며 사람들은 함께 힘을 모았어. 박종철의 죽음은 1987년 6월민주항쟁으로 나아가는 결정적인 계기가 됐어.

하지만 얼마 뒤 사람들은 또 한 사람의 안타까운 죽음을 마주하게 됐어. 이한열은 6월민주항쟁이 본격적으로 시작되기 직전, 최루탄에 뒷머리를 맞고 의식불명 상태에 빠져. 사람들은 최루탄이 가득한 거리를 누비며 이한열의 몫까지 해내고자 했어.

사람들은 이한열의 죽음을 보며 4·19혁명의 도화선이 됐던 김주열을 떠올렸어.

김주열이 마산의 부둣가에서 눈에 최루탄이 박힌 채 떠오른 건 1960년 4월 11일이었어.

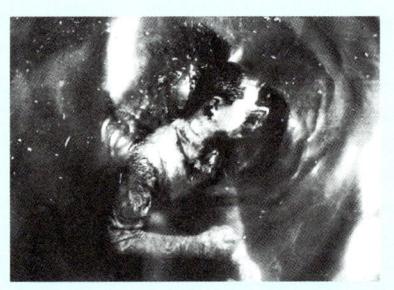

최루탄에 희생된 채 발견된 김주열 열사. 3월 15일 고등학교 입시를 위해 마산에 왔다가 이처럼 끔찍한 모습으로 물에 떠올랐어. (사진·3·15기념재단)

　김주열이 실종된 건, 3월 15일 정·부통령 선거 날이었어. 이미 12년째 장기집권하던 이승만이 4선에 도전하는 날이었지. 하지만 이날 선거는 부정선거 그 자체였어. 투표함에 40% 정도의 투표용지를 미리 넣어 두기도 했어. 그 바람에 유권자 수보다 더 많은 표가 나오기도 했고 말이야. 한 투표소에서는 투표가 시작되자마자 몸싸움이 벌어지며 투표함이 쓰러졌는데, 그 속에는 미리 넣어 둔 투표용지가 가득했어.

　야당은 선거 무효를 주장했고, 시민들은 시위에 나섰어. 그 시위대 속에 김주열이 있었어. 김주열은 원래 집이 전라북도 남원이었지만, 마산상업고등학교 입학시험을 치르러 경상남도 마산(지금의 창원)에 가 있었던 거야. 하지만 그날 이후 김

김주열 열사 영정. 김주열 열사의 죽음은 결국 4·19혁명으로 이어졌어. (사진·3·15기념재단)

주열은 사라졌어. 아무도 본 사람이 없었지. 그리고 눈에 최루탄이 박힌 끔찍한 모습으로 발견된 거야. 겨우 17살이란 나이에 말이야.

김주열의 모습을 본 시민들은 분노했고, 전국적으로 시위가 거세졌어. 그리고 이는 4·19혁명으로 이어졌지. 이승만은 대통령직에서 하야하고 하와이로 망명을 떠났어.

박종철, 이한열, 김주열. 안타까운 이들의 죽음은 세상을 바꾼 거대한 힘이 되었어. 그리고 우리 마음속에 살아남아 있어. 하지만 그들은 이렇게 말할 것만 같아.

"다시는 우리와 같은 죽음이 없기를……."

제2부

개헌 대 호헌

4·13 호헌조치

1987년 4월 13일, 대통령이 특별담화를 발표한다는 소식에 사람들은 하나둘 텔레비전 앞으로 모여들었어.

"본인은 오늘 국민 여러분께서 그동안 큰 관심을 가져 오신 개헌 문제에 관해서 본인이 깊이 생각해 온 바를 직접 말씀드리고 국민의 이해와 협조를 구하고자 합니다."

그동안 계속 논의되어 오던 개헌 문제에 관한 내용이었

어. 당연히 사람들의 관심이 쏠릴 수밖에 없었지. 그런데 그 내용이 충격적이었어. 핵심 내용이 바로 이랬거든.

여당은 그동안 야당의 요구를 적극 수용해 협상을 모색해 왔지만, 야당은 대통령 직선제만을 고집해 합의 개헌이 불가능해졌다. 이제 임기 중 개헌은 불가능하다. 따라서 현 헌법에 따라 다음 대통령을 뽑고, 88 서울 올림픽이 끝난 뒤 다시 개헌 문제를 논의하자.
만일 개헌을 계속 주장하며 사회 혼란을 조성한다면 이는 단호하게 대처하겠다. 이는 민주주의라는 가면 아래 공산주의 세상을 세우려 하는 것이다.

전두환의 특별담화 내용은 이른바 4·13 호헌조치라 불렸어. 즉, 현재의 헌법을 옹호하고 지키겠다는 것이지.
이는 지금까지의 개헌 논의를 완전히 뒤집어엎는 것이었어. 이렇게 되면 다음 대통령은 여당의 대통령 후보로 내정되어 있는 노태우가 될 게 뻔했어. 노태우는 전두환과 같이 1979년 12·12 군사 반란을 일으키고 1980년 5·18 광주

4·13 호헌조치. 1987년 4월 13일, 전두환이 특별담화를 통해 4·13 호헌조치를 발표하고 있어. (사진·뉴스 화면)

민주화운동을 짓밟은 인물이었어.

　사람들은 개헌을 주장하는 것이 사회 혼란을 조성하는 것이라는 말을 받아들일 수 없었어. 더구나 이것이 민주주의라는 가면 아래 공산주의 세상을 세우려 하는 것이라니……. 이건 개헌 논의를 꺼내기만 하면 당장 공산주의 세력으로 몰아서 가만두지 않겠다는 협박이었어.

전두환이 특별담화 날짜를 4월 13일로 잡은 것도 이유가 있었어.

이날은 직선제 개헌 지지 세력만으로 구성된 새로운 정당인 통일민주당의 창당 발기인 대회였어. 기존의 야당인 신민당 내부에 전두환 정권이 주장하는 내각제 개헌에 대해 찬성하는 사람들이 생기자, 직선제 개헌을 지지하는 사람들이 신민당을 탈당해서 새롭게 통일민주당을 만든 거야. 신민당 소속 국회의원 90명 가운데 무려 74명이 통일민주당에 합류했어.

전두환으로서는 참을 수 없는 일이었어. 사람들 눈이 통일민주당 창당 발기인 대회에 쏠리는 것을 막고 싶었지. 그래서 특별담화를 전날인 12일에 녹화하고도 방송을 다음 날인 13일 9시로 미뤘어. 왜냐하면 통일민주당 창당 발기인 대회 시간이 13일 9시였거든.

전두환의 계획은 성공한 듯 보였어. 신문엔 4·13 호헌조치에 관한 기사는 전면 가득 실렸지만, 통일민주당 창당 발기인 대회 소식은 구석으로 내몰렸어.

전두환, 돌아올 수 없는 다리를 건너다

　다리란 본래 서로 떨어져 있는 두 세계를 이어주는 것이지. 그런데 한번 다리를 건너면 다시는 돌아올 수 없는 다리도 있어. 예를 들어 공동경비구역 내에 있는 '돌아오지 않는 다리'가 그렇지. 원래 이름이 '널문다리'였지만 한국전쟁이 끝난 뒤 이 다리를 통해 남북한의 포로 교환이 이루어지면서 '돌아오지 않는 다리'로 부르게 됐대. 어느 쪽이든 한번 이 다리를 건너면 다시는 돌아갈 수 없었기 때문이지.

이처럼 한번 무언가를 결정하면 돌이킬 수 없게 되는 것을 '돌아올 수 없는 다리를 건넜다'고 표현하곤 하지.

전두환은 4·13 호헌조치로 사람들이 직선제 이야기는 꺼낼 수 없도록 승부수를 뒀어. 돌아올 수 없는 다리를 건넌 거지. 하지만 아무리 승부수를 뒀다 해도 다 이기는 건 아니야. 상대가 어떻게 대처하느냐에 따라서 승부는 달라질 수 있거든.

전두환의 상대는 바로 국민들이었어. 전두환은 국민들의 분위기를 이렇게 파악했던 것 같아.

"음, 박종철이 죽었을 때 추도회다 뭐다 해서 난리를 쳤지만, 결국 우리가 원천 봉쇄를 하니 추도회도 제대로 못했잖아. 그리고 추도회가 열렸던 2월 7일 이후엔 뭐 큰 사건도 없고 말이야. 대학생들도 조용하잖아. 한국은 이제 중산층 중심 사회가 됐다고. 중산층이 바라는 건 안정이라고."

하지만 전두환은 모르고 있었어. 자신에게 유리한 것만

보느라 국민들을 제대로 판단하지 못했다는 것을 말이야. 특히 박종철 군 국민추도회 때 시민들이 보여줬던 반응을 전혀 모르고 있었어. 시민들이 시위대에게 박수를 치고, 최루탄을 못 쏘게 막고, 학생들이 경찰에 끌려가는 것을 막으려 한 것을 말이야. 시민들은 무작정 안정만을 바라지는 않았어.

시민들은 변하고 있었지. 지난해 굵직굵직한 시국사건들로 구속, 수배되면서 숨 고르기를 하는 대학생들을 대신해 그 자리를 메꾸고 있었어.

사실 시민들의 달라진 모습은 국민추도회 이전에도 나타나고 있었어. 시민들은 정부가 언론을 조작해 자신들을 속이고 있다고 생각하기 시작했어. 이런 생각은 '시청료 거부 운동'으로 이어졌어.

전두환 정권은 1980년 11월 언론통폐합이라는 걸 단행했어. 신문사들이 대폭 줄어들며 해직된 기자 수만 무려 1,300여 명이나 됐어. 민영방송이었던 TBC 동양방송은 KBS에 강제 통합되어 KBS2가 됐어. 언론매체를 자신의 마음에 들게 쥐락펴락할 수 있음을 보여 준 거지.

게다가 1981년 1월이 되자 시청료가 500원에서 2,500으로 무려 다섯 배나 올랐어. 지금까지 흑백이었던 방송을 컬러로 방송한다는 게 그 이유였어. 시민들은 울며 겨자 먹기식으로 시청료를 내야만 했어. 시청료가 전기요금에 합산해 나왔기 때문이었어. 그런데 3월부터는 KBS2가 상업광고를 하기 시작했어. 시청료란 공영방송인 KBS가 광고를 하지 않는 대신 거두는 건데 말이야.

무엇보다 KBS는 공영방송의 역할을 제대로 하지 못하고 정권의 선전매체로 전락해 가고 있었어.

사람들은 불만이 점점 쌓여 갔어. 1985년 시작된 시청료 거부 운동은 1986년이 되면서 범시민 운동으로 이어지고 있었어.

하지만 전두환 정권은 시민들의 이런 변화가 의미하는 것을 모르고 승부수를 뒀어. 그리고 결국 잘못된 승부수는 돌아올 수 없는 다리를 건너게 했지.

땡전뉴스를 아십니까? 보도지침은?

9시를 알려드리겠습니다.

삐-삐-삐!

1980년대 텔레비전 뉴스는 9시 정각을 알리는 시보와 함께 시작했지.

앵커의 첫마디는 늘 같았어.

"오늘 전두환 대통령은~"

늘 모든 뉴스에 앞서서 전두환의 근황과 정책이 첫 번째였어.

사람들은 당시 뉴스를 '땡전뉴스'라고 부르곤 했어. 9시 '땡' 소리와 함께 '전'두환 소식이 나온다고 말이야. 땡전뉴스의 첫머리에 늘 '오늘'이라는 말이 빠지지 않고 들어가는 바람에 전두환의 호가 '오늘'이라는 우스개가 있을 정도였지.

전두환이 날마다 뉴스 첫머리를 장식할 만큼 중요한 일을 했느냐 하면 그게 아니야. 전두환 정권은 자신의 권위를 세우려 이렇게 지시를 내린 거야.

1983년 9월 1일에는 소련(지금의 러시아)이 대한항공기를 전

땡전뉴스. 당시 9시 '땡' 소리와 함께 전두환 소식을 첫머리로 뉴스를 시작했다고 해서 붙여진 별명이야. (사진·뉴스 화면)

투기로 착각하고 격추하는 사건이 벌어졌어. 이 바람에 탑승객 269명이 전원 사망했어. 하지만 이날도 첫 번째 뉴스는 전두환 소식이었어. 서울 청진동을 찾아 청소 상태를 둘러보고 있다는 내용이었지.

방송국에 땡전뉴스를 지시했다면, 신문사에는 보도지침이 내려왔어.

어떤 기사를 어느 면에 몇 단으로 싣고 제목은 '이런' 표현

월간《말》지. 1986년 9월호 특집 기사를 통해 보도지침의 실체를 처음으로 폭로했어.

대신 '저런' 표현으로 뽑되 사진은 사용하지 말아라.

이런 식으로 말이야. 때로는 특정한 내용을 싣지 않도록 지침이 내려오기도 했어.

예를 들어 1986년 초, 필리핀의 독재자 마르코스 대통령이 시민들에 의해 축출되는 사건이 있었는데, 이때 내려온 보도지침은 이랬어.

"세계 독재자 시리즈, 마르코스 20년 독재 등의 시리즈를

신지 말 것."

보도지침이 처음 알려진 건 1986년 9월 월간 《말》지 특집호 〈보도지침—권력과 언론의 음모〉에서였어. 월간 《말》지의 내용은 한국일보 김주언 기자가 신문사 캐비닛에 보관되어 있던 보도지침을 복사해서 넘겨준 것이 바탕이 됐어.

의심스럽긴 했지만 확인할 수 없었던 보도지침의 실체를 확인한 사람들은 큰 충격을 받았어. 하지만 더 충격적인 사실은 이 보도지침 폭로 사건이 당시 신문과 방송에서는 전혀 보도되지 않았다는 사실이야. 이 역시 보도지침에 의한 것이었지. 그리고 보도지침을 폭로한 김주언 기자를 비롯한 관련자들은 국가보안법 위반 및 국가모독죄로 구속됐어.

이 사건에 대한 최초 보도는 1987년 5월 13일이 되어서야 나왔어. 구속된 사람들의 재판에 관한 것이었어. 동아일보가 처음 보도를 했고, 이후 6월 4일에는 동아일보, 중앙일보, 한국일보의 보도가 이어졌어.

아마 박종철의 죽음 이후 달라진 사회 분위기가 아니었다면, 어쩌면 이런 보도도 나올 수 없었을지도 몰라.

호헌 철폐 투쟁

전두환의 야심 찬 승부수가 잘못된 판단이었다는 것은 바로 확인됐어. 4·13 호헌조치가 발표된 당일 오후부터 반대 성명이 쏟아져 나왔거든.

"개헌 그 자체는 이미 국민적 합의가 이루어진 것이어서 어느 누구도 이를 중지할 수 없다."

대한변호사협회에서 가장 먼저 반대 성명서를 발표했어.

"헌법 개정의 꿈이 기만과 당리의 술수 아래 무참히 깨어졌지만 실망하지 말라."

다음 날에는 천주교 김수환 추기경이 부활절 메시지를 통해 반대 입장을 밝혔지.

천주교를 비롯해 종교계의 움직임이 특히 눈에 띄었어. 천주교 사제들은 4·13 호헌조치에 반대 입장을 분명히 하며 단식 투쟁을 벌였어. 그러자 개신교 목회자들도 이에 호응하며 단식 투쟁에 참여했어. 또 조계종 승려들도 호헌 반대 성명을 발표했지. 대학 교수들도 시국선언을 발표하며 호헌 반대 입장을 분명히 했어. 또 신문사 기자들의 호헌 반대 성명도 이어졌어.

이뿐 아니야. 4·13 호헌조치에 반대하는 움직임은 대학, 민주화운동단체, 문화 예술계, 치과 의사, 약사 등 각계각층으로 급속히 퍼져 나갔어.

사람들은 전두환이 어떤 인물이라는 걸 기억하고 있었어. 12·12 군사 반란으로 군대를 장악한 뒤, 1980년 5월 광주민주화운동을 짓밟은 사람이라는 걸, 별 두 개인 소장에서 스스로 별 네 개인 대장까지 오른 사람이라는 걸, 또 대장이 되고 단 며칠 만에 대통령 보궐선거로 대통령 자리를 꿰찬 사람이라는 걸 말이야. 그리곤 비상계엄령을 전국으로 확대한 뒤 헌법 개정을 하고 다시 대통령 자리에 오른 사람이었지.

이때를 5공화국이라고 해. 5공화국 헌법은 국민들의 민주화 열망을 폭압적으로 누르고 만들어진 헌법이었어. 이전의 4공화국 헌법인 유신 독재 시절에 대한 비판이 워낙 거셌기 때문에 대통령 임기만 7년 단임제로 못박았을 뿐이었지.

안타깝게도 이때까지 우리나라에서는 평화로운 정권 교체가 없었어. 한번 대통령 자리에 올라가면 다들 그만두고 싶어 하질 않았어. 이승만은 4·19혁명으로 물러났고, 박정희는 10·26 사건으로 자신의 부하였던 김재규에게 목숨을 잃고서야 자리에서 내려왔지.

그래서 전두환은 '평화적 정권 교체'를 강조하며 7년 단임제를 선택한 거였어. 그런데 전두환에게 '평화적 정권 교체'는 자신이 원하는 대로 평화롭게, 자신이 찜해 놓은 다음 대통령 후보인 노태우가 대통령 자리에 오르는 것이었지. 그래야 자신이 대통령 자리에서 내려오더라도 안전할 수 있었으니까. 그러려면 직선제는 아무래도 불안했어. 그러니 직선제를 받아들일 수 없었던 거지.

하지만 시민들은 달랐어. 오랫동안 전두환을 두려워하며 꼼짝 못 하고 있었지만, 전두환이 원하는 대로 더는 대통령을 뽑고 싶지 않았어.

4·13 호헌조치가 발표된 당일, 반대 성명이 쏟아진 것도 이 때문이었어.

"호헌 철폐!"

"독재 타도!"

시위는 다시 거세지기 시작했어. 전두환이 놓았던 회심의 한 수는 오히려 전두환 자신을 향한 칼날로 바뀌고 있었어.

제1공화국에서 제6공화국까지

"대한민국은 민주공화국이다."

헌법 제1조 1항이야.

민주공화국이란 '국민이 나라의 주인이 되어 함께 다스리는 나라'란 뜻이지. 헌법이 아무리 바뀐다 해도 대한민국이 민주공화국이라는 사실은 바뀌지 않아. 이건 1919년 4월 대한민국 임시정부가 발표한 '대한민국 임시 헌장' 때부터 지금까지 한결같이 유지되어 왔어.

하지만 헌법이 바뀌어 통치체제가 바뀌면 공화국은 한 살씩 나이를 먹어 가. 제1공화국, 제2공화국……, 이런 식으로 말이야.

2023년 현재 대한민국 정부는 제6공화국이야. 그렇다면 지금까지 대한민국 정부는 어떻게 변화해 왔을까?

제1공화국 : 1~3대 이승만 대통령

대한민국 헌법의 뿌리는 1919년 대한민국 임시정부의 임시헌장에서 출발해.

"우리들 대한 국민은 기미 삼일운동으로 대한민국을 건립하여 세계에 선포한 위대한 독립 정신을 계승하여 이제 민주독립국가를 재건함에 있어서……"

1948년 대한민국 제헌헌법은 '전문'에서 이렇게 밝히고 있어.

이는 대한민국은 1919년 3월 1일에서 시작한다는 사실과 함께 비로소 대한민국이 '임시정부'가 아닌 '정부'로 새롭게 출발한다는 사실을 선포한 것이라 할 수 있어. 이는 제1공화국의 시작이었어.

헌법 제정 3일 뒤 국회는 간선제로 대통령 선거를 했고, 이승만이 대통령으로 당선됐어. 이후 이승만은 직선제 선거를 통해 2대, 3대 대통령으로 당선이 돼. 하지만 1960년 4대 대통령 선거에서 3·15 부정선거를 저질렀고, 이로 인해 4·19혁명이 일어나면서 대통령 자리에서 물러나게 돼.

제2공화국 : 4대 윤보선 대통령

4·19혁명 후 개정된 헌법에서는 대통령 중심제 대신 내각책임제를 채택했어. 따라서 대통령 선거는 민의원, 참의원 합동 회의에서 간선제로 실시되었고, 윤보선이 대통령에 당선됐어.

하지만 이듬해 박정희가 5·16 군사 반란을 일으키는 바람에 2공화국은 약 1년 만에 끝나고 말았어.

제3공화국 : 5~7대 박정희 대통령

5·16 군사 반란으로 권력을 잡은 박정희는 2년 7개월간 군정을 실시하다가 대통령 중심제로 개헌하고 대통령에 당선됐어. 직선제로 대통령을 뽑았어.

제4공화국 : 8대~9대 박정희, 10대 최규하, 11대 전두환 대통령

제4공화국은 유신헌법 시대야. 유신헌법은 대한민국 역사상 최악의 헌법이라 할 수 있지. 대통령 직선제를 폐지하고 통일주체국민회의를 통해 간접 선거를 했어. 또 국회의원의 1/3을 대통령이 임명하는 등 삼권 분립의 원칙도 지켜지지 않았어. 또 대통령에게는 헌법 효력을 일시 정지시킬 수 있는 긴급조치권이 부여되는 등 종신 집권이 가능하게 만들어졌어.

박정희가 1979년 10·26 사건으로 죽으면서 대통령 권한대행을 맡았던 최규하가 10대 대통령으로 당선됐어. 하지만 최규하가 당선된 지 6일 만에 전두환이 12·12 군사 반란을 일으키면서 실질적인 권한을 갖게 됐지. 결국 최규하는 8개월 여 만에 대통령직을 사임했어. 이후 전두환이 11대 대통령으로 당선되어 잔여 임기를 마쳤어.

제5공화국 : 12대 전두환 대통령

대통령 선거인단에 의한 간선제로 전두환이 대통령에 당선됐어. 임기 7년 단임제였어.

제6공화국 : 13대 노태우, 14대 김영삼, 15대 김대중, 16대 노무현, 17대 이명박, 18대 박근혜, 19대 문재인, 20대 윤석열 대통령

1987년 6월민주항쟁의 결과로 만들어진 헌법으로 직선제, 5년 단임제의 대통령제가 특징이야.

직선제 개헌의 열망

　학교에서 학생회장 선거를 해 봤을 거야. 직접 출마해 본 친구들도 있지만, 대개는 학생회장을 뽑는 유권자 입장이었을 거야. 학생회장 선거 기간이 되면 후보들은 자신의 공약을 내걸고 선거운동을 하고, 유권자들은 후보자들의 공약을 보며 누굴 뽑으면 좋을까 생각하게 되지.
　그런데 말이야, 만약 이런 상황이 생기면 어떨까?
　"학생회장 선거는 학급 회장이나 반장만 할 수 있다!"
　즉, 학생회장 선거를 할 때 간접 선거로 하는 거지.

"어차피 학급 회장이나 반장은 너희 손으로 직접 뽑지 않나? 그러니 너희의 대표가 너희를 대신해서 투표를 하는 거다!"

아주 폭압적인 분위기로 이런 핑계를 대면서 말이야.

아마 대개는 불만이 있어도 그대로 따를 수밖에 없을 거야. 말을 듣지 않았을 때 처벌을 받을 수도 있다는 두려움이 너무 크니까 말이야.

그런데 그렇게 뽑힌 학생회장이 너희들을 위해 일하기는커녕 자기 멋대로 권력을 휘두른다면 어떨까? 두려움 때문에 참고 있기는 해도 속으로는 불만이 계속 쌓이고 쌓일 수밖에 없을 거야.

1987년 직선제 개헌을 향한 사람들 마음이 바로 이랬을 거야. 아니, 이와는 견줄 수도 없을 정도였겠지.

1972년 이후 대통령 선거는 계속 간선제였어. 미국 같은 나라도 간선제로 대통령을 뽑으니 간선제 자체가 나쁜 제도라고 할 수는 없어. 하지만 우리나라에서 간선제는 권력을 가진 사람이 손쉽게 형식적인 절차만 밟아서 대통령에 당선되려는 의도에서 나온 거지. 그러니 대통령 선거를 위한 대대적인 선거운동을 할 필요도 없었어. 국민들은 대통령 선거가 자신의 일이 아닌 듯 무관심해지기도 했어. 그리고 이것이야말로 독재 정권이 원하는 것이었어. 그래야 자기 마음대로 권력을 휘두를 수 있으니까 말이야.

이때는 학급 반장이나 회장 선거도 지금이랑 달랐어. 학생들에게 후보 추천을 받는 게 아니라 선생님이 후보를 몇 명 정해 줬어. 그래도 이 정도는 나은 거야. 어떤 경우는 선거 절차 없이 그냥 선생님이 임명하기도 했어. 이런 말도 안 되는 상황이 학교까지 퍼져 있었던 거야. 지금으로서는 상상도 하기 힘든 일이지.

이런 상황에서 사람들은 한편으론 정치에 무기력해졌고, 한편으론 불만이 부글부글 끓었어. 겉으로는 무기력해 보였지만, 속은 뭔가 툭 건드리기만 하면 터져버릴 정도로 불만이 가득 차 있었지.

이때 사람들 마음을 툭 건드린 것이 바로 박종철의 죽음이었어. 그리고 이어서 사람들 마음을 투둑 건드린 것이 전두환의 4·13 호헌조치였지.

사람들은 박종철의 죽음이 다른 누군가의 죽음이 아니라 바로 내 일이 될 수도 있다는 자각을 하게 됐어. 그리고 4·13 호헌조치는 박종철을 죽음에 몰아넣은 정권이 앞으로도 계속 같은 방식으로 나아가겠다는 선언이라는 것을 확인하게 해 줬어. 사람들 마음속에 꾹꾹 눌려 있던 불만은 툭, 투둑 터져 나오기 시작했어.

사람들의 직선제에 대한 갈망은 더욱 커졌어. 직선제가 모든 문제를 해결해 줄 수는 없겠지만, 적어도 현재의 상황을 타파할 수 있는 유일한 방법이라는 생각이 든 거야.

이때부터였어. 사람들 입에서 자연스럽게 "호헌 철폐", "직선제 쟁취"라는 구호가 터져 나왔어.

체육관 대통령

체육관 대통령이란 말 들어봤니?

대통령을 간선제로 선출하던 제4공화국, 즉 유신헌법 시절 대통령 선거와 대통령 취임식이 모두 장충체육관에서 이루어졌기 때문에 생긴 말이야.

대통령 선거는 통일주체국민회의 의원들에 의해 실시됐어.

통일주체국민회의는 유신헌법으로 새로 설치된 기구로, 본래 의무는 '통일에 관한 중요 정책을 결정하는 것'이었지만 실은 통일에 관한 일은 전혀 하지 않은 요상한 기구였어. 대신 통일주체국민회의가 한 일은 대통령 선출과 대통령이 추천하는 국회의원 정수의 1/3을 선출하는 것이었어.

이렇게 통일주체국민회의에 의해 선출된 대통령은 모두 100% 찬성으로 당선됐어. 100%라니? 어떻게 100% 찬성이 가능할지 상상이 안 될 거야. 아, 물론 무효표나 기권표는 조금 있었어. 하지만 반대표는 없었지. 그럼 상대 후보는 표를 전혀 못 얻었냐고? 음……, 이때는 모두 단독 후보였어. 대통령 후보로 나설 수조차 없었거든.

당선자	총투표 수	찬성	반대	무효	기권
박정희(8대)	2,359	2,357	0	0	2
박정희(9대)	2,578	2,577	0	0	1
최규하(10대)	2,549	2,465	0	84	0
전두환(11대)	2,525	2,524	0	1	0

이후 제5공화국 헌법에 따라 통일주체국민회의는 해체됐어. 전두환도 통일주체국민회의에 대한 국민의 반발이 얼마나 큰 줄 알았던 거야. 그래서 간선제이긴 하지만 대통령 선거인단을 뽑았어. 경쟁 후보도 있었지. 그리고 지역별로 모여 대통령 선거를 했어.

개표 결과 전두환이 90.11%의 득표율로 12대 대통령에 당선됐어. 100%는 아니지만, 경쟁 후보가 있는 상태에서 90%가 넘는 득표율은 정말 대단하지. 이는 결국 간선제가 얼마나 문제가 많았는지를 알려 주는 것이라 할 수 있어.

취임식 역시 체육관에서 이루어졌어. 장충체육관 대신 잠실 실내체육관에서 말이야.

제3부
민주헌법쟁취 국민운동본부

조작, 축소된 죽음

명동성당에 놀라운 쪽지 하나가 전달됐어.

박종철 고문치사 사건이 은폐 조작되었으니 이 사실을 세상에 널리 알려 주십시오.

쪽지를 쓴 사람은 민주화 운동가인 이부영이었지. 이부영은 박종철 고문치사 사건으로 구속된 두 사람의 고문 경찰과 같이 영등포교도소에 수감되어 있었어.

이부영의 쪽지를 전한 사람은 이부영의 동료였던 김정남이었어. 이후 김정남은 이부영의 쪽지를 토대로 신문 기사 내용을 확인하고, 새로운 사건이 나오면 이를 추가하며 발표할 글을 정리해 나갔어.

그리고 마침내 5월 18일, 명동성당에서 광주민주항쟁 추모 미사가 끝난 뒤 김승훈 신부가 이 글을 읽어 내려갔어.

"박종철 군 고문치사 사건은 은폐 조작되었다. 각본은 경찰에 의해 짜여지고, 검찰은 사건 조작 내용을 알고 있으면서도 이를 밝히지 않았다. …… 거짓으로 점철된 이 땅, 박종철 군의 죽음마저 거짓으로 묻히게 할 수 없기 때문에, 고문 범인들은 처벌되어야 하며 고문의 진상은 밝혀져야 한다."

이날, 김승훈 신부의 입을 통해 박종철 고문치사 사건에 직접 관여한 경찰은 이미 구속된 2명 외에 3명이 더 있다는 사실과 그들의 이름까지 알려졌지.

거짓은 진실을 감출 수 없는 법, 진실은 곧 만천하에 드

박종철이 물고문을 받다 숨진 사실을 알린 당시 신문 기사. 박종철의 억울한 죽음은 진실을 알리기 위해 힘쓴 여러 사람 덕분에 세상에 드러나게 되었고, 고문 경찰들은 구속되었어.

러났어.

　검찰도 수사 결과를 발표했지. 수사 결과 박종철 고문치사 사건의 은폐 조작이 확인됐고, 다른 고문 경찰들도 구속됐어.

　전두환은 치명상을 입었어. 사람들은 이 모든 사태의 중심이 폭압적인 전두환 정권과 그 정권이 탄생할 수 있었던 체제에 있다는 것을 알게 됐어. 전두환이 잘못을 인정하는 듯 국무총리, 안기부장, 법무장관, 검찰총장 등을 경질했지만 아무 소용이 없었어.

"박종철을 살려내라!"
"호헌 철폐!"
"직선제 개헌!"

　사람들의 분노는 들불처럼 번져 나갔어. 그리고 대통령을 국민이 직접 뽑아야 한다는 생각은 더욱 커져 갔지.

비둘기 작전

박종철 고문치사 사건의 진실은 영등포교도소에 수감되어 있던 이부영이 밖으로 내보낸 쪽지에서 출발했어.

어느 날부턴가 영등포교도소에는 통곡 소리와 함께 찬송가 소리가 들리기 시작했어. 이부영은 이 사람들의 사연이 궁금했어. 친한 교도관에게 물어보니 박종철 고문치사 사건으로 구속된 두 경찰의 통곡과 찬송 소리라고 했어. 두 사람은 자신들은 억울하다고, 다른 사람들 죄까지 뒤집어쓴 거라고 했어. 이부영은 이 사람들의 말을 쪽지에 받아 적었어. 그리고 이 쪽지를 밖에 전해 진실을 알려야 한다고 생각했지.

하지만 교도소에 수감되어 있던 이부영은 이 쪽지를 전할 방법이 없었어. 고민한 끝에 좋은 생각이 떠올랐지. 바로 '비둘기 작전'이었어. 우편이 발달하지 않았던 시절, 사람들은 비둘기를 훈련해 소식을 전하곤 했어. 그래서인지 교도소에서는 쪽지가 은밀하게 오고 가는 것을 비둘기라 부르곤 했어.

이부영은 평소 자신을 도와주던 한재동 교도관과 이야기를 하는 척하면서 몰래 쪽지를 전달했어. 이부영이 전하는 쪽지의 최종 목적지는 김정남이었어. 늘 문제 해결사 노릇을 했던 김정남이라면 쪽지의 내용이 세상에 알려질 수 있는 방법을 찾아낼 거라 생각한 거야.

하지만 한재동 교도관은 김정남과 선이 닿지 않았어. 게다가 김정남은 수배 중이라 정해진 거처도 없었어. 김정남과 선이 닿는 사람을 찾아야 했어. 한재동 교도관은 같은 교도관 출신으로 민주화운동을 하던 전병용에게 쪽지를 전했어. 그리고 결국 쪽지는 김정남에게 무사히 전달될 수 있었지.

김정남은 이 쪽지가 세상 사람들에게 잘 알려질 수 있는 방법을 고민했어. 그리고 마침내 방법을 찾았지.

"명동성당으로 가자!"

명동성당은 1970~80년대 민주화운동의 성지였어. 시위대가 쫓겨 명동성당으로 들어오면 성직자들은 이들을 늘 보호해 왔어. 또 시국사건이 벌어졌을 땐 늘 함께 목소리를 냈어. 박종철 고문치사 사건의 진실은 이부영 → 한재동 → 전병용 → 김정남 → 명동성당이 모두 비둘기가 되어 소식을 전한 덕에 세상에 알려지게 된 거지.

민주헌법쟁취 국민운동본부의 발족

　아주아주 힘이 센 거대한 상대와 맞서 싸우려면 어떻게 해야 할까? 상대와 맞서 싸우고자 하는 사람들이 모두 모여 함께 싸워야 물리칠 수 있지 않을까?

　당시 사람들도 그렇게 생각했어. 박종철의 죽음에 분노한 사람들이, 4·13 호헌조치에 분노한 사람들이 전두환 정권에 맞서 싸우고는 있었지만, 그것만으로는 부족했어. 사람들의 분노를 하나로 모아 단일한 목소리로 상대를 압박해야만 했어. 그러지 않고서는 도저히 이길 수 있는 방법이 없었어.

"독재 타도!"
"호헌 철폐!"
"직선제 쟁취!"

곧 전두환 정권에 맞서 싸울 통일된 조직을 만들 준비가 시작됐어. 박종철 고문치사 사건을 계기로 결성된 국민추도위원회가 그 바탕이 됐어. 박종철의 죽음에 앞선 1985년, 민주화운동을 하던 김근태가 남영동 대공분실에 끌려가 끔찍한 고문을 당한 것이 폭로되면서 이를 계기로 결성된 고문공동대책위원회도 함께했어. 여기에 정치, 종교, 재야, 여성, 언론, 구속자협의회, 법조계 등 각 분야의 사람들이 모이기 시작했어. 박종철 고문치사 사건이 은폐 조작되었다는 폭로가 나오면서 움직임은 더욱 활발해졌어.

5월 27일, 마침내 호헌 철폐를 위한 '민주헌법쟁취 국민운동본부'(이하 국민운동본부)가 정식으로 발족했어. 국민운동본부는 서울은 물론 전국에 지부를 갖췄어.

이 무렵 서울지역 대학생들은 서울지역대학생대표자협의회(이하 서대협)를 결성했어. 서대협은 1986년 이후 계속된 탄압으로 어려움을 겪고 있던 대학 내부 조직을 정비하고 강화하는 활동을 우선에 뒀어. 그 과정에서 대중과 함께하는 활동을 고민하면서 말이야.

하지만 서대협은 국민운동본부와 활동을 직접 함께하진 못했어. 직선제 개헌이 아닌 다른 방식의 개헌을 주장하는 대학생들도 있었기 때문이야. 그러다 보니 국민운동본부에서는 직선제 개헌을 앞세운 시위 계획이 틀어질까 봐 걱정이 됐어. 그래서 서대협을 국민운동본부 회원으로 받아들이지 못한 거야. 물론 그래도 대학생과 국민운동본부는 늘 긴밀한 협조 관계에 있었지만 말이야.

국민운동본부는 6월 10일, 전국적으로 '고문살인 은폐 규탄 및 호헌 철폐 국민대회'를 열기로 했어. 민정당 대통령 후보 지명대회가 개최되는 날에 맞춰서 말이야.

6·10 국민대회를 설계하다

국민운동본부는 6·10 국민대회에 많은 시민들이 참여할 수 있도록 설계를 시작했어. 아주아주 꼼꼼하게 말이야.

행사 시간은 대회 당일이 수요일이라는 점을 고려해 직장인들이 퇴근하는 시간인 6시로 정했어. 그리고 시민들과 함께 부르는 노래로 〈우리의 소원은 통일〉을 골랐어. 아마 친구들은 이 노래를 잘 모를 거야. 하지만 당시 이 노래를 모르는 사람은 없었기 때문에 누구나 따라 부르기 쉬웠어. 대신 가사에 나오는 '통일' 대신 '민주'로 바꿔서 부르기로 했지.

우리의 소원은 민주, 꿈에도 소원은 민주
이 정성 다해서 민주, 민주를 이루자
이 겨레 살리는 민주, 이 나라 살리는 민주
민주여 어서 오라, 민주여 오라

이렇게 말이야.
시민들이 헷갈리지 않도록 구호도 정리했어.

호헌 철폐, 독재 타도!
민주헌법 쟁취하여 민주정부 수립하자!
행동하는 국민 속에 박종철은 부활한다!
고문 없는 세상에 살고 싶다!

지난 박종철 국민추도회 때와 마찬가지로 운전자들은 오후 6시가 되면 경적을 울리도록 했어. 또 가정에서는 '땡전뉴스'가 시작되는 오후 9시에 일제히 소등하기로 했지.

시위는 반드시 비폭력 평화주의여야 한다는 원칙도 강조했어.

경찰은 여느 때와 마찬가지로 국민대회를 불법 집회로 간주하고 원천 봉쇄에 나섰어. 대회 전날 밤엔 전국 110개 대학을 수색해서 시위용품을 압수했어. 정치인이나 재야 인사 등에 대한 가택연금을 실시해, 이들을 집에서 나가지 못하도록 했어. 차들이 경적을 울리지 못하도록 버스회사와 택시회사에 차량 경음기를 떼어 내게 하고, 기사들의 교대 시간도 바꾸도록 지시했어. 단순 가담자도 연행하겠다며 협박도 했지.

경찰의 이런 대응 방식은 언뜻 보면 자신만만하게 일방적으로 진압하던 예전 방식과 별로 다를 바 없어 보였어. 하지만 자세히 보면 분명 달랐어. 자신이 없어 기가 죽은 모습을 보였어.

경찰은 6월 10일, 국기 하강식 때 울려 퍼지던 애국가의 옥외 방송을 금지했어.

국기 하강식. 오후 6시 국기 하강식은 온 국민들을 그 자리에 멈춰 세웠어. (사진·뉴스 화면)

아마 국기 하강식이 뭔지 모를 거야. 예전엔 아침에 국기를 올리고 저녁에 국기를 내렸어. 국기 하강식이란 국기를 내리는 것을 말해. 하절기엔 오후 6시에, 동절기엔 오후 5시에 국기 하강식이 있었어.

"경건한 마음으로 국기를 향해 주시기 바랍니다."

이 시간이 되면 스피커에서 사이렌과 함께 이 말이 울려 퍼졌어. 그럼 지나가던 사람들은 모두 그 자리에 멈춰 서야 했어. 사람만 멈추는 게 아니야. 차들도 모두 멈춰야 했어. 그럼 애국가가 울려 퍼졌지. 애국가가 울려 퍼지는 동안 사람들은 오른손을 왼쪽 가슴에 올리고 국기에 대한 경례를 하기도 했어.

당시 국기 하강식은 온 국민을 일시 정지시킬 만큼 중요한 일이었어. 그런데 국기 하강식의 옥외 방송을 금지한 거야. 혹시라도 국민대회에 참가한 시민들이 국기 하강식 때 울리는 애국가를 함께 제창하며 뭉칠 것을 두려워한 거지.

아, 이한열!

서대협은 6·10 국민대회의 열기를 고조시키기 위해 그 누구보다 열심이었어. 호헌 철폐를 주장하며 '하루 한 끼 굶기 운동'을 벌이거나 삭발 농성을 하기도 했지.

그리고 6·10 국민대회를 하루 앞둔 6월 9일, 연세대학교에서는 '6·10 대회 출정을 위한 연세인 결의대회'가 열리고 있었어. 대회를 마친 학생들은 학교 정문 밖으로 나섰어.

정문 앞에 대치해 있던 전경들은 최루탄을 쏘기 시작했지. 그리고 얼마 뒤, 한 학생이 갑자기 쓰러졌어. 경영학과

2학년에 재학 중이던 이한열이었어. 얼른 동료 학생이 부축했지만, 머리에 최루탄을 맞은 이한열은 일어서지 못했어. 병원으로 옮긴 이한열은 의식불명 상태였어.

시위대를 해산하기 위해 쏘는 최루탄은 원래 사람을 겨냥해 수평으로 쏘아서는 안 되는데, 이 원칙이 지켜지지 않은 거야. 결국 4·19 때의 김주열에 이어 이한열 역시 최루탄에 희생되고 만 거야.

안타까운 비보에 사람들은 또다시 충격에 빠졌어. 박종철의 죽음이라는 충격이 채 가시기도 전이었어. 사람들 마음속에 전두환 정권에 대한 분노는 더욱 커졌고, '이대로 둬서는 안 된다!'라는 생각으로 이어졌어.

다음 날 있을 6·10 국민대회에 참가할 마음을 굳히는 사람들이 점점 늘어났어. 얼굴에 최루탄이 박힌 채 부둣가에서 발견된 김주열의 시신이 4·19혁명에 불을 댕겼던 것처럼, 최루탄을 맞고 피를 흘리는 이한열의 모습은 6·10 국민대회에 더욱 거센 불길을 댕기게 했어.

6월 10일, 국민운동본부는 민정당 대통령 후보 지명대

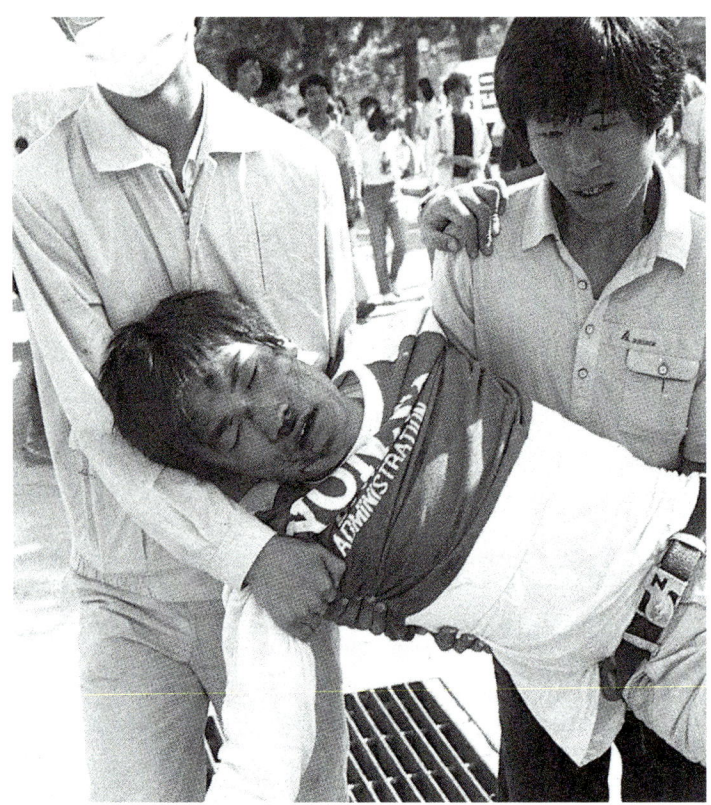

최루탄을 맞고 쓰러진 이한열을 옮기는 학생들. 6·10 국민대회를 하루 앞둔 6월 9일, "호헌 철폐"를 외치며 시위하던 연세대생 이한열은 경찰이 쏜 최루탄을 맞고 피를 흘리며 쓰러졌어. (사진·뉴스뱅크)

회가 열리는 시간인 오전 10시에 맞춰 '4·13 호헌조치에 의한 대통령 후보 선출은 무효'임을 선언했어. 대회 시간은 6시였지만 이미 사람들은 모여들기 시작했어. 서울지역 대학생 1만여 명은 국민대회 출정식을 하고 명동성당 쪽으로 모여들었어.

경찰이 지하철 1호선 서울역과 2호선 을지로입구역 등 11개 역을 폐쇄했지만, 사람들 수는 점점 많아졌어. 경찰은 최루탄을 쏘며 시위대를 쫓았지만 소용없었지. 남대문시장 상인들은 쫓기는 학생들을 자신의 가게로 피신시켰어. 학생들은 이렇게 쫓기면 숨고 다시 나와 시위를 하고, 또 쫓기면 숨고 다시 나와 시위하기를 반복했어.

국민대회가 시작되는 오후 6시가 되자 성공회대성당에서는 42번의 종이 울렸어. 해방 이후 42년간 분단과 독재에 신음한 것을 상징하는 종소리였지. 이 종소리를 신호로 버스와 승용차에서는 일제히 경적이 울렸어. 경적은 남대문에서도, 을지로에서도 울려 퍼졌어. 버스에 타고 있던 손님들도 박수를 치고 손을 흔들었어. 길에 있던 시민들은 애국가를 합창하며 태극기를 흔들었지.

이날 국민대회는 서울뿐 아니라 전국 20여 개 지역에서 이루어졌어. 이렇게 많은 장소에서 동시에 시위가 일어난 것은 3·1혁명 이후 처음 있는 일이었어.

연세대 학생들은 시위가 끝나고 이한열이 있는 병원으로 달려가 이한열을 지켰어. 이한열은 비록 의식을 차리지는 못했지만, 6월민주항쟁 내내 동료들과 함께할 수 있었어. 하지만 6월민주항쟁이 끝난 뒤인 7월 5일 숨을 거두고 말았지.

"최루탄 연기로 가득 찬 저 하늘로 날아오르고 싶어요."
"제 이름 중 열(烈)이 더울 열자, 매울 열자인데 저랑 최루탄은 떼려 해도 뗄 수 없는 존재인가 봐요."

이한열은 시위에 참석할 때마다 이런 말을 했다고 해. 하지만 6월민주항쟁 내내 최루탄은 그 어느 때보다 많이 쓰이고 있었어.

이한열의 장례식 모습. 6월 9일 시위 도중 경찰이 쏜 최루탄에 맞아 의식불명에 빠진 이한열은 6월민주항쟁이 끝난 뒤인 7월 5일 끝내 숨지고 말았어. (사진·위키피디아)

이한열의 장례식 때 모인 군중. 1987년 7월 9일, 이한열의 장례식에는 수많은 시민들이 모여들었어. (사진·연합뉴스)

제4부
6월민주항쟁, 시민혁명이 되다

우연히 시작된 명동성당 농성

"탕 타당 탕 탕!"

사방에 최루탄 소리가 요란했어. 경찰이 시위대를 향해 최루탄을 쏘며 다가왔어.

시위를 하던 사람들은 경찰과 최루탄에 쫓겨 명동성당 안으로 몸을 피했어. 대학생 500명, 노동자 30명, 시민 150명 정도 되는 인원이었어. 명동성당엔 1986년 말부터 농성 중이던 상계동 철거민들도 150명 정도 있었어. 이들은 함께 명동성당에서 농성을 벌이기 시작했어. 농성은 밤

늦도록 이어졌어.

그리고 다음 날 아침이 되자 개인 일정 때문에 몇몇 사람들이 명동성당 밖으로 나가려 했어.

그때였어.

"잡아라!"

경찰들이 밖으로 나가는 사람들을 연행하려 달려들었어.

시위대도 경찰이 사람들을 연행하는 것을 막기 위해 맞서 싸웠어. 그리고 어떻게 될지 모르는 상황에 대비해 철야농성을 준비하며 함께 모여 토론을 하기 위해 둘러앉았어.

그제야 서로의 모습이 눈에 들어오기 시작했지. 신발을 잃어버린 사람, 안경이 깨진 사람, 아예 안경을 잃어버리는 바람에 앞을 잘 못 보는 사람, 최루탄에 맞아 상처를 입은 사람 등 다들 몰골이 말이 아니었어. 게다가 식사도 제대로 하지 못해 다들 지친 모습이었어.

"우리가 농성을 시작하긴 했지만 언제 해제할지도 중요한 듯합니다. 농성 해제에 대한 의견을 말씀해 주십시오."

사람들이 돌아가며 자신의 의견을 말하기 시작했어.

"더 이상 학생들만 희생되게 할 수는 없습니다. 우리 시민들이 희생해서 이 군부 독재를 끝장내야 합니다. 저들은 학생들은 극렬 주동자로, 우리 시민들은 단순 가담자로 분류할 것입니다. 그리고 학생들을 구속할 것입니다. 그러니 우리가 앞장섭시다."

정말 뜻밖이었어. 농성 해제를 반대한 건 평소 시위와는 아무 관련이 없던 시민들과 일반 학생들이었어.

농성은 계속됐어. 명동성당에 무차별적으로 최루탄이 투척되는 것에 대한 항의 표시로 사제들도 철야농성을 하기로 했어. 명동성당 농성자들은 경찰의 강경 탄압 방침도 두려워하지 않았어.

상계동 철거민들은 명동성당 농성자들을 위해 밥도 해 주고 빨래도 해 줬어. 명동성당 청년단체 연합회 회원들은 부상자를 간호하고 필요한 물품을 구해 줬지. 담장 너머에 있는 계성여고 학생들은 점심 도시락을 걷어서 농성장으로 보내기도 했어. 또 명동성당 근처에는 늘 시민과 대학생들의 시위가 이어졌어. 농성 시위대가 명동거리로 나서기 위해 시위를 벌이면 거리의 시민들은 박수를 보내고 환호했어. 또 주변 건물 안에 있던 시민들은 창문을 열고 두루

명동성당에서 열린 사제단 시위. 명동을 중심으로 시위가 계속되면서 주변 직장인들을 비롯한 넥타이 부대들의 참여도 계속 늘어났어. (사진·천주교정의구현전국사제단)

마리 휴지를 뜯어 거리로 날려 보냈어. 덕분에 명동 거리는 하얀 꽃이 흩날리는 것 같았어.

하지만 언제까지나 농성을 계속할 수는 없었어. 명동성당도 교회로서의 역할을 할 수 있어야 하니까 말이야. 결국 농성자들은 농성을 풀기로 했어.

15일, 농성자들은 명동성당을 나섰어. 넥타이를 맨 회사원들이 "호헌 철폐, 독재 타도"를 외치고, 빌딩 창문에서는 시민들의 박수가 이어졌어.

명동성당 농성이 계속되는 동안, 국민운동본부는 조금 당황했어. 시위는 6월 10일 하루만 계획되어 있었고, 이후 시위에 대한 계획은 없었기 때문이야. 하지만 명동성당 농성이 계속되며 명동을 중심으로 시위가 계속되고 있었어. 게다가 넥타이를 맨 회사원들의 참여는 점점 늘어났어. 이들은 어느새 '넥타이 부대'라 불리고 있었어. 명동성당 농성이 끝나고도 시위는 전국적으로 확산되고 있었지.

이제 국민운동본부가 다음 계획을 세울 차례였어.

최루탄을 추방하라!

'도대체 최루탄이 뭐지?'

아마 이런 생각을 하는 친구들도 있을 거야.

우리나라에서는 1999년 이후 최루탄 사용이 금지되었거든.

예전엔 시위가 일어나기만 하면 시위대를 향해 엄청난 최루탄을 쏘아대곤 했어. 최루탄은 눈을 뜰 수 없을 만큼 심각한 통증을 일으켜. 또 구토증세와 호흡곤란을 일으키기도 해. 즉, 최루탄에 노출되면 꼼짝달싹하기가 힘들어지지. 그러니 자연스레 시위가 일시 정지될 수밖에 없었어.

 그래서 경찰은 시위를 해산시키는 방법으로 최루탄을 애용했어. 자신들은 방독면을 쓰고서 말이야.

 그런데 경찰이 최루탄을 쏘면 시위대만 괴로웠을까? 아니야. 인근 지역이 모두 최루탄 가스에 휩싸일 수밖에 없어. 길을 지나던 사람은 물론이고 버스에 타고 있던 사람들까지도 최루탄 가스 피해를 입었어. 거리에는 몸이 약한 사람들, 갓난아기들도 있었어. 최루탄 가스는 이들이라고 피해 가지 않았지. 그러다 보니 거리에는 최루탄 때문에 눈물을 흘리고 구토를 하며 괴로워하는 사람들이 넘쳐났어. 다들 최루탄이라면 지긋지긋해했어.

 국민운동본부는 6월 18일을 '최루탄 추방 국민 결의의 날'로 정했어. 교회여성연합회에서 주최하는 '최루탄 추방 공청회'도 준비되어 있었어.

 하지만 전두환 정권은 공청회가 열리는 종로 연동교회도 원천 봉쇄했어. 결국 공청회는 연동교회 앞 노상에서 개최

될 수밖에 없었지.

　민주화운동을 하다 구속된 사람들의 가족 모임인 '민주화실천가족운동협의회' 어머니들은 경찰에게 다가가 가슴이나 최루탄 발사기 총구에 장미꽃이나 카네이션을 꽂아 주기도 했어. 이를 뿌리치는 사람은 없었어. 이들은 경찰 신분이기는 하지만 그냥 경찰이 아니었거든. 전투경찰, 줄여서 흔히 전경이라 불린 이들은 군대에서 일방적으로 뽑혀 와 시위 진압군으로 내몰린 경우가 많았어. 대학을 휴학하고 군대에 갔다가 전경이 되어 시위 현장에서 친구들을 향해 최루탄을 쏴야 하는 경우도 있었어.

　저녁이 되자 사람들은 도심으로 모여들었어. 6·10 국민대회 때와 마찬가지로 을지로 입구에서 명동, 신세계백화점, 시청과 남대문, 서울역 일대는 "호헌 철폐", "독재 타도"를 외치는 시민들로 가득 찼어. 눈을 투명 랩으로 감싸거나, 눈 밑에 치약을 바르거나, 물안경을 쓰고 나온 사람들도 있었어. '너희들이 아무리 최루탄으로 공격해도 우리는 꼼짝하지 않고 싸우겠다'는 의지의 표현이었어.

이날 시위에 참여한 사람들은 6·10 국민대회 때보다도 훨씬 많았어. 당일 시위로는 3·1혁명 이후 최대 규모였어. 전경들이 최루탄을 쏘려 할 때마다 "쏘지 마! 쏘지 마!"를 외치는 사람들은 점점 늘어났어. 전경들이 시위대에 의해 무장해제를 당하는 일도 생겼어.

사람들은 똑똑히 기억하고 있었거든. 이한열이 최루탄에 맞아 지금 사경을 헤매고 있다는 것을 말이야. 그리고 최루탄에 목숨을 잃은 김주열의 모습이 4·19혁명으로 이어진 것처럼 최루탄을 무분별하게 사용하는 현 정권 역시 무너지고 말 것이라 믿었지.

하지만 '최루탄 추방 국민 결의의 날'이라는 말이 무색하게도 이날, 최루탄 사용량은 사상 최고를 갈아치웠어. 많은 최루탄이 사용된 만큼 또다시 희생자도 생겼어. 부산에서는 시위에 참가한 회사원이 시위 도중 최루탄을 직격으로 맞아 고가다리 밑으로 추락해 6일 뒤 숨을 거뒀어. 실명을 하는 경우도 있었고, 자잘한 부상은 말할 것도 없이 많았지.

점점 더 거세지는 시민들의 저항. 최루탄의 위협에도 굴복하지 않고 시위에 참여하는 사람들은 점점 더 늘어났어. 어머니들은 경찰의 최루탄 발사기 총구에 꽃을 달아주기도 했어. (사진·뉴스뱅크)

다양한 최루탄 그리고 백골단

이 당시 사람들이 가장 괴로웠던 건 최루탄이었어. 시위대뿐 아니라 시민들에게도 말이야.

당시 쓰이던 최루탄은 크게 세 가지 종류가 있었어.

① SY44탄

총에 최루탄을 끼워 발사하는 거야. 사정거리가 80m나 되는 만큼 그 위력이 커. 때문에 시위대를 향해 직접 발사해서는 절대 안 돼. 반드시 충분한 거리를 두고 35~45도의 발사 각도로 비스듬히 쏘아야 해. 하지만 시위 현장에서 이런 원칙이 지켜지지 않는 일이 흔했어. 김주열 눈에 불발된 최루탄이 박히게 된 것도 최루탄을 직격으로 발사했기 때문에 생긴 일이었어. 이한열 역시 낮은 각도로 발사한 최루탄에 머리 뒷부분을 피격당한 거였어.

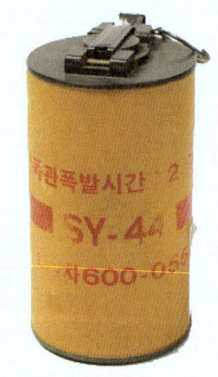

SY44탄. (사진·경찰박물관)

② KM25탄

 동그란 모습이 사과 모양같다고 해서 '사과탄'이라고 불렸어. 수류탄처럼 손으로 직접 던지는 방식이야. 가까운 곳에서 사과탄이 터지면 금속 뇌관의 파편이 몸에 박힐 수도 있어.

KM25탄. (사진·경찰박물관)

③ 다연발탄

 페퍼포그라 불리는 차에 장착해서 쏘았어.

 역사책에서 화약을 이용해 화살을 한꺼번에 쏘는 신기전에 대해 배운 적이 있을 거야. 다연발탄 역시 마찬가지였어. 작은 크기의 최루탄을 신기전처럼 한꺼번에 발사했어. 이때 화약이 한꺼번에 터지는 것이 마치 페퍼포그에서 불을 내뿜는 것처럼 보였어. 다연발탄의 또 다른 이름은 지랄탄이었어. 다연발탄이 바닥에 떨어진 뒤에 사방으로 정신없이 움직이며 돌아다니는 모습 때문에 붙은 별명이었어.

 페퍼포그 차 가운데는 다연발 발사기 대신 가스 분사기를

최루탄에서 뿜어져 나오는 최루 가스. 최루탄은 시위대고 일반 시민이고 가리지 않고 사람들을 괴롭혔어. (사진·위키피디아)

달고 가스를 직접 분사하는 경우도 있었어.

 최루탄이 사람들을 가장 괴롭게 했다면, 백골단은 시위대에게 가장 무서운 존재였어.
 백골단은 누가 봐도 한눈에 알아볼 수 있었어. 머리에 흰색 헬멧을, 얼굴에 방독면을 쓰고 청자켓과 청바지 차림에 가죽장갑과 운동화를 착용했어. 하얀 헬멧은 멀리서도 눈에 띄었고, 그래서 사람들은 이들을 백골단이라 불렀어.

백골단은 시위대를 진압하고 체포하기 위한 사복경찰관이었어. 한 손엔 작은 방패를, 또 한 손에 곤봉을 들고 시위대를 향해 날쌔게 달려가 학생들을 무자비하게 체포했어. 시위하는 학생이 버스에 올라타면 출발하려는 버스의 창문을 부수고 체포했고, 누군가의 집에 숨으면 그 집의 대문을 부수고 들어가 체포했어. 즉, 시위대를 체포하기 위해서는 수단과 방법을 가리지 않는 존재였어.

백골단. 보기만 해도 무서워 보이는 백골단은 시위대를 체포하기 위해 수단과 방법을 가리지 않았어. (사진·뉴스 화면)

온 나라에 퍼진 시위

도미노 게임 알지? 작은 패들을 쭉 늘어세워 놓은 뒤 패 하나를 건드리면 그 패가 다음 패를 쓰러뜨리고, 쓰러지던 패가 또 그 뒤의 패를 쓰러뜨리고 하면서 결국엔 늘어세워 있던 모든 패들이 순식간에 모두 쓰러져.

1987년 6월 10일 이후의 상황을 보면 도미노 게임이 연상되기도 해.

사실 국민운동본부가 계획했던 시위는 6월 10일 국민대회 하루뿐이었어. 그런데 국민대회도 생각보다 엄청나게 큰 규모가 됐고, 시위는 연달아 계속 일어났어. 게다가 그 규모도 점점 커졌어.

명동성당 농성이라는 예상치 못했던 사건이 생겼고, 덕분에 명동성당을 중심으로 시위는 계속됐어. 명동성당 농성자들 가운데 일반 시민들이 가장 적극적이었던 점에서 알 수 있듯이 시민들 모습은 눈에 띄게 달라졌어.

점심시간이면 어김없이 나타나는 일명 넥타이 부대의 출현은 생각지도 못했던 장면이었어. 어느샌가 시민은 시위의 주축으로 자리 잡기 시작했어. 최루탄을 쏘는 전경을 향해 "쏘지 마! 쏘지 마!"를 외치고, 시위대를 향해 박수를 치며, "호헌 철폐, 독재 타도"를 외쳤어.

'잘하던 일도 멍석을 깔아 주면 못한다'는 말이 있지. 하지만 1987년 6월, 시민들은 달랐어. 마치 멍석을 깔아 주기만을 기다린 사람들처럼 국민대회라는 멍석이 깔리자 그동안 억눌러 왔던 것을 한꺼번에 분출이라도 하듯 시위에 나섰어.

이런 흐름 덕분에 6월 10일 국민대회는 시위의 흐름이

끊기지 않은 채 6월 18일 최루탄 추방 대회로 이어질 수 있었어. 그리고 시간이 흐를수록 참여하는 시민들은 점점 늘어났고, 시민들은 점점 적극적으로 변했어.

시민들 참여가 느는 만큼 시위가 일어나는 지역도 점점 많아졌어. 최루탄 추방의 날에는 전국 18개 도시에서 시위가 일어났어. 태평양 건너 미국의 뉴욕과 샌프란시스코 교포 사회에서도 시위가 있었지. 상황이 심각해지자 '전두환 정권이 1980년 광주에서 그랬듯이 비상조치를 내릴 것이다', '계엄령을 내릴 것이다'라는 불길한 소문도 돌았어. 하지만 이런 소문 때문에 시위가 꺾이지는 않았어.

시위에 참여하는 고등학생들도 늘어났어. 전라도 순천 지역에서는 시위대 중 80%가 고등학생이라는 말이 나올 만큼 고등학생들이 많았어.

대학생들은 여전히 시위대의 주축이었어.

"대학만 조용하면 나라도 조용해요."

전두환은 입버릇처럼 이렇게 말했고, 그 생각은 변하지 않았어. 그래서 각 대학이 조기방학에 들어가도록 지시했어. 하지만 전두환의 판단이 틀렸다는 것은 금방 밝혀졌어. 서대협은 "직선제 쟁취"를 주된 구호로 결정하고 시위에 나섰어.

국민운동본부는 6월 26일을 '민주헌법 쟁취를 위한 국민평화대행진(이하 국민평화대행진)'으로 선포했지.

"직선제 개헌 쟁취!"

"민주 개헌"

국민평화대행진 참가자 수는 또다시 늘어났어. 시위는 전국 37개 지역에서 일어났어. 3·1혁명 때도, 4·19혁명 때도 한날한시에 전국 각지에서 이렇게 큰 규모로 시위가 일어난 적은 없었어.

아마도 시민들 마음엔 전두환 정권에 대한 분노가 도미노 게임의 패처럼 줄지어 서 있었던 것 같아. 그러다 6·10 국민대회가 그 패를 슬쩍 건드려 주자 그동안 참고 있던 분노가 도미노 패가 무너지듯 연쇄작용을 일으키며 폭발력을 발휘한 거지.

시민의 승리

"친애하는 국민 여러분! 저는 이제 우리나라의 장래 문제에 대해 굳은 신념을 가지게 되었습니다."

6월 29일 오전, 사람들의 눈과 귀는 텔레비전으로 쏠렸어. 민정당 당 대표이자 대통령 후보인 노태우가 특별선언을 발표하고 있었어.

"여-야 합의 하에 조속히 대통령 직선제 개헌을 하고, 새 헌

6·29 선언을 발표하는 노태우 민정당 당 대표. 국민들의 거센 저항에 밀린 집권 세력은 결국 호헌조치를 거둬들이고 대통령 직선제 개헌을 약속하는 6·29 선언을 발표했어. (사진·뉴스 화면)

법에 의한 대통령 선거를 통해 88년 2월 평화적 정부 이양을 실현토록 하겠습니다."

사람들은 자신의 귀를 의심했어. 그동안 절대 받아들이지 않을 것 같던 대통령 직선제를 받아들이겠다니, 꿈을 꾸는 것만 같았어.

노태우의 특별선언은 계속되고 있었지만, 이미 사람들은 승리의 기쁨에 취했어.

6·29 선언을 알리는 당시 신문 기사. 박종철, 이한열의 희생은 많은 사람들을 움직여 정권에 맞서게 하였고, 결국 대통령 직선제를 비롯한 민주주의에 좀 더 다가설 수 있게 되었어.

"정말 우리 손으로 대통령을 뽑을 수 있게 된 겁니까?"
"믿어도 됩니까?"

신문사에는 시민들 전화가 빗발쳤어.
어떤 다방에서는 기쁨을 함께 나누고 싶은 마음에 '오늘은 기쁜 날, 찻값은 무료입니다'라는 문구를 써 붙이기도 했어.

그리고 7월 1일, 전두환은 노태우의 특별선언 내용을 모두 받아들이겠다는 담화를 발표했어. 이어서 6월민주항쟁 기간 동안 구속된 대다수 사람이 석방됐어. 전두환은 민정당 총재직을 사퇴했고, 본격적인 개헌 논의에 들어갔어.
시민들은 이 과정을 뿌듯하게 지켜봤어. 만일 자신들이 예전처럼 분노를 속으로만 삼키고 나서지 않았다면 이런 일은 결코 일어나지 않았을 것임을 알게 됐지. 그리고 박종철과 이한열의 죽음을 기억했어. 앞으로는 이런 희생자들이 나오게 않게 하겠다는 다짐도 했어.

물론 노태우의 6·29 선언 내용은 획기적인 것이 아니었어. 1972년 박정희가 만든 유신헌법 이전의 헌법, 즉 제3공화국 헌법과 거의 같은 내용이었으니까.

또 6·29 선언에는 전두환이 대통령 단임제를 통해 민주주의의 뿌리를 심었다는 등 제5공화국의 업적을 치하하는 내용이 기본으로 깔려 있었어. 즉, 그동안 우리가 이렇게 잘했지만, 국민이 대통령 직선제를 원하니까 들어주긴 하겠다는 느낌이랄까?

하지만 확실한 건 대통령 직선제와 민주화를 위한 시민들의 움직임이 아니었다면 절대 내어 주지 않았을 것이라는 사실이지.

시민들도 그걸 알았어. 그래서 한쪽에서는 승리의 기쁨을 맘껏 누리면서도, 이것이 시민 민주주의로 나아가는 첫걸음이라 생각했어.

무엇보다 시민들은 자신감을 얻었어. 아무리 힘이 센 정권이라도 그 정권이 민주주의를 훼손한다면 그들과 맞설 수 있다는 자신감 말이야. 또 많은 시민들이 함께 힘을 모으면 평화적인 방법으로도 문제를 해결해 나갈 수 있을 거라 믿게 됐지.

지금도 시민들은 정권의 잘못된 정책에 맞설 때면 촛불을 들고 거리로 나가고 있어. 작은 촛불 하나하나가 모여서 큰 빛을 이루듯이 시민 한 명 한 명이 힘을 모으면 민주주의에 좀 더 가까이 다가갈 수 있다는 것을 알게 됐으니까 말이야.

제5부
새로운 헌법과 제6공화국

대통령 직선제

노태우가 6·29 선언을 발표한 뒤, 사람들의 관심은 모두 개헌에 쏠렸어.

그리고 1987년 10월 29일, 새로운 헌법이 선포됐어.

대통령은 국민의 보통·평등·직접·비밀선거에 의하여 선출한다.

— 헌법 제67조 1항

13대 대통령 선거에 후보로 나선 야당 후보들. 직선제로 치러진 13대 대통령 선거에는 노태우는 물론 김대중, 김영삼, 김종필 등 유력 정치인들을 포함해 많은 후보가 출마했어. (사진·위키피디아)

6월민주항쟁 기간 내내 시민들이 목놓아 외쳤던 대통령 직선제의 내용이 헌법에 담겨 있었어.

사람들은 기대에 부풀었어. 이제 곧 치러질 대통령 선거에서 자신이 직접 투표를 할 수 있었으니까 말이야. 사람들은 모이기만 하면 누가 가장 대통령으로 적합한지 이야기를 나눴어. 서로 의견이 다를 땐 다소 거친 말이 오가기도 했어. 하지만 그건 중요하지 않았어.

"그 언제야? 1971년 대통령 선거 이후 처음이지?"

"그렇지. 이렇게 대통령을 우리 손으로 뽑을 날이 오다니……, 꿈만 같네."

"자, 누가 대통령감으로 적합한지 잘 봐야지."

시민들은 대통령 선거일인 12월 16일을 설레는 마음으로 기다렸어.

마침내 대통령 선거일이 됐어. 쌀쌀한 날씨에도 이른 아침부터 투표소에는 투표를 하러 나온 사람들로 투표소 밖까지 줄이 길게 이어졌어.

이날 투표율은 89.2%나 됐어. 그만큼 시민들의 관심이 뜨거웠다는 증거야.

선거가 끝나고 사람들의 눈길은 개표 방송에 쏠렸어. 그리고 선거 결과는……, 36.64%를 득표한 노태우의 승리였어.

"노태우라고요? 노태우는 전두환과 같은 편이잖아요. 그럼 6월민주항쟁이 실패로 돌아간 거 아니에요?"

맞아. 물론 아쉬운 결과지. 김영삼과 김대중의 득표율이

여당의 대통령 후보로 출마한 노태우. 13대 대통령 선거는 결국 3김 등 야당 후보의 표가 분산되는 바람에 여당 후보인 노태우의 당선으로 끝나고 말았어.

각각 28.03%, 27.04%였거든. 만일 두 사람이 후보 단일화를 했다면 노태우의 득표율을 너끈히 뛰어넘었을 거야.

하지만 중요한 건 누가 대통령이 되느냐는 아니야. 1987년 6월민주항쟁의 정신은 시민들이 자신의 손으로 직접 대통령을 뽑겠다는 것과 우리나라가 한 발짝 민주주의에 더 가까이 다가서는 것이니까 말이야.

군인의 정치적 중립성

박정희, 전두환, 노태우의 공통점이 뭔지 아니?

"글쎄요, 우리나라 대통령이었다는 건 아는데……."

맞아. 이 세 사람은 모두 우리나라 대통령이었지. 힌트를 좀 줄까? 이 세 사람이 대통령 자리에 어떻게 오르게 됐는지 생각해 보렴.

"아, 혹시 군사 반란?"

정답! 이 세 사람의 공통점은 군사 반란을 일으켜 대통령 자리에 오른 사람이라는 점이야.

박정희는 4·19혁명 후 새로운 정치 질서가 채 자리 잡기도 전인 1961년 5월 16일 군사 반란을 일으켰어. 그리고 2년 7개월이나 군정을 실시하다가 대통령 중심제로 개헌을 하고 대통령 자리에 올랐지. 그리고 자신이 하고 싶은 만큼 평생 대통령을 하기 위해 유신헌법을 만들고 민주주의의 싹을 짓밟았어. 1979년 10월 26일 부하였던 김재규의 손에 죽을 때까지 말이야.

박정희의 죽음은 독재의 죽음을 뜻했어. 사람들은 그동안 짓밟힌 민주주의가 움트길 바랐어. 계절은 겨울로 접어드는 때였지만 사람들 마음은 봄 같았어. 그래서 사람들은 이때를 '서울의 봄'이라 불렀어. 이제부터는 민주주의가 싹을 틔우고 커 나갈 수 있을 거라 믿었지.

하지만 '서울의 봄'은 얼마 가지 못했어. 전두환과 노태우가 12·12 군사 반란을 일으켜 군부를 장악하고, 이듬해인 1980년 5월에는 광주민주화운동을 짓밟고 권력을 잡았어. 전두환이 대통령 자리에 올랐고, 이어서 노태우가 대통령에 오르기로 약속이 되어 있었지.

그러니까 우리나라는 노태우 임기를 빼더라도 1961년부터 1987년까지 늘 군사 반란을 일으킨 사람이 대통령 자리에 있었던 거야.

사람들은 더 이상 군인들이 군사 반란으로 권력을 잡아서는 안 된다고 생각했어. 그래서 이를 막는 방법이 꼭 필요하다고 생각했지.

국군은 국가의 안전보장과 국토방위의 신성한 의무를 수행함을 사명으로 하며, 그 정치적 중립성은 준수된다.
- 헌법 제5조 2항

그리고 새롭게 추가된 이 헌법 조항 덕분에 놀라운 일이 벌어질 수 있었어. 바로 전두환과 노태우가 '내란 및 군사 반란 혐의'로 재판을 받게 된 거야. 즉, 두 사람이 12·12 군사 반란을 일으키고 5월 광주민주화운동을 짓밟아 권력을 쟁취한 것에 대해 심판을 받게 된 거지.

법정에서 서로의 손을 잡고 서 있는 전두환과 노태우. 군사 반란으로 정권을 잡고 대통령까지 지낸 전두환과 노태우는 결국 '내란 및 군사 반란 혐의'로 나란히 서서 재판을 받게 되었어. (사진·연합뉴스)

만약 헌법 제5조 2항이 없었더라면 전두환과 노태우가 이렇게 심판을 받을 일은 없었겠지. 그러니까 전두환과 노태우를 심판할 수 있었던 것 역시 1987년 6월 시민들의 힘이었지.

1995년 말, 두 전직 대통령인 전두환과 노태우는 '내란 및 군사 반란 혐의'로 나란히 구속 수감됐어. 그리고 전두환과 노태우는 1심에서는 각각 사형과 징역 22년 6개월이 선고됐고, 2심에서는 각각 무기징역과 징역 17년이 선고됐어. 그리고 3심 상고심이 기각되면서 2심 형량이 확정됐어.

하지만 몇 달이 채 지나지 않아 두 사람에 대한 사면 논의가 흘러나오기 시작했어. 1997년 들어서면서 5월 석가탄신일, 10월 개천절 등 특별사면이 있을 때마다 두 사람에 대한 사면을 논의하고 있다는 말이 흘러나왔어. 그리고 12월 22일, 결국 두 사람은 특별사면됐어. 전두환, 노태우의 1심 선고일이 1996년 8월 26일이었으니까 선고일로부터 불과 8개월 만에 풀려난 거야.

힘들게 두 사람을 법정에 세운 것치고는 두 사람이 죗값을 치른 기간은 너무 짧았지.

그래도 헌법 제5조 2항은 아주 소중해. 군인들이 자신의 지휘 통제하에 있는 군사력으로 반란을 일으켜서는 안 된다는 것을 분명히 하고 있으니까 말이야.

헌법재판소

 만약 포털사이트의 인터넷 게시판에 글을 올릴 때 반드시 본인 확인을 거쳐야 한다면 어떨 것 같아?

 "인터넷의 장점은 익명성 아니에요? 누군지 밝혀야 글을 쓸 수 있다면 하고 싶은 말을 제대로 하지 못할 것 같아요."

 맞아. 하지만 2007년 '인터넷 실명제'라는 법률이 생기면서 일정 규모 이상의 사이트에서 인터넷 게시판을 이용하려면 반드시 본인 확인이 필요했던 시절이 있었어. 악플을 막을 수 있고, 범죄 예방에도 도움이 된다는 이유였어.

하지만 인터넷 실명제에 대한 반발은 컸어. 인터넷 실명제가 헌법에 있는 표현의 자유를 침해하는 법률이라며 위헌 소송이 제기됐지. 그리고 2012년 헌법재판소는 이렇게 판결했어.

본인확인제를 규율하는 이 사건 법령조항들은 과잉금지원칙에 위배하여 인터넷 게시판 이용자의 표현의 자유, 개인정보자기결정권 및 인터넷 게시판을 운영하는 정보통신서비스 제공자의 언론의 자유를 침해한다.

즉, 헌법재판소는 인터넷 실명제가 위헌이라 판결 내린 거야. 결국 인터넷 실명제는 5년 만에 폐지됐어.

덕분에 지금 너희들은 인터넷에 글을 올릴 때 본인 확인 없이 자유롭게 글을 올릴 수 있게 된 거야.

만약 헌법재판소가 없었더라면 이 법률이 위헌이라는 것을 심판해 줄 곳이 없었을 거야. 다행히 우리에겐 헌법재판소가 있었지. 헌법재판소 역시 새로운 헌법에 의해 새롭게 설치된 기관이야.

그런데 왜 이렇게 헌법과 어긋나는 법이 만들어지는 걸까? 헌법은 한 나라의 최고 법률인데 말이야.

아마도 워낙 다양한 분야에서 다양한 법이 만들어지기 때문일 거야. 게다가 사람마다 생각이 다르다 보니 법을 해석하는 것도 다 달라. 그러다 보니 헌법에 어긋나는 법이 생기기도 해. 이처럼 헌법과 어긋나는 것을 '위헌'이라 하는데, 위헌 여부를 심판하는 것은 헌법재판소의 가장 기본 업무지.

하지만 헌법재판소의 업무는 위헌 여부를 심판하는 것 말고도 많아.

1. 법원의 제청에 의한 법률의 위헌 여부 심판
2. 탄핵의 심판
3. 정당의 해산 심판
4. 국가기관 상호 간, 국가기관과 지방자치단체 간 및 지방자

치단체 상호 간의 권한쟁의에 관한 심판
5. 법률이 정하는 헌법소원에 관한 심판

- 헌법 제111조 1항

어느 것 하나 중요하지 않은 것이 없어. 하지만 이 가운데 특히 사람들 머리에 강력한 기억을 남긴 심판이 있었어. 바로 대통령 탄핵안을 심판한 거야.

2016년 시민들은 박근혜 대통령 탄핵을 위한 촛불 시위를 벌였어. 촛불은 거리를 가득 메웠고, 국회는 박근혜 대통령의 탄핵 소추안을 통과시켰어. 탄핵 소추안이란 탄핵을 위한 소송을 제기하는 거야. 따라서 탄핵 소추안이 국회에서 통과되면 헌법재판소에서는 이에 대한 심판을 내리게 돼.

2017년 3월, 헌법재판소는 재판관 8명 전원일치로 대통령 박근혜의 탄핵안을 통과시켰어.

만약 헌법재판소가 없었더라면 이루어질 수 없는 일이었

박근혜 탄핵 시위. 국정 농단 등에 항의하며 많은 사람들이 박근혜 대통령 탄핵을 주장하는 시위에 참여했어. (사진·위키피디아)

박근혜 탄핵 심판. 2017년 3월 10일 헌법재판소는 박근혜 대통령에 대해 탄핵 결정을 내렸어. (사진·뉴스 화면)

지. 대통령은 나라의 최고 통치권자이기 때문에 직무상 중대한 위법행위를 해도 이를 처벌할 수 있는 방법이 없으니까 말이야.

물론 탄핵 심판은 대통령에 대해서만 이루어지는 것은 아니야. 특별한 직무를 맡고 있는 국무총리, 국무위원, 행정 각부 장관, 헌법재판소 재판관, 법관, 중앙선거관리위원회 위원, 감사원장 등이 위법행위를 할 경우 탄핵 심판 역시 헌법재판소에서 이루어져.

임시정부에서 탄핵당한 대통령

우리 역사에는 탄핵당한 대통령이 또 한 명 있어. 바로 이승만이지.

이승만이란 이름을 모르는 친구들은 없을 거야. 독립운동가로, 우리나라 초대 대통령으로, 우리 역사에서 빠질 수 없는 인물이니까 말이야.

임시정부 초대 대통령 이승만. 이승만은 1925년 3월 임시정부에서 탄핵되어 대통령 자리에서 물러나야 했어. (사진·위키피디아)

이승만이 3·15 부정선거로 촉발된 4·19혁명으로 대통령 자리에서 하야하고 하와이로 망명했다는 사실도 알고 있을 거야. 하지만 이승만이 임시정부 초대 대통령이었던 시절, 탄핵을 당해 대통령 자리에서 물러났다는 사실은 모르는 친구들이 많을 거야.

1925년 3월 임시정부는 이승만을 대통령 자리에서 탄핵했어.

탄핵 이유는 한둘이 아니었어.

하지만 가장 중요한 것은 이승만이 임시정부의 독립자금으로 모금한 애국금을 자기 멋대로 사용했다는 점이야. 이승만은 주로 미국에 머물면서 애국금의 대부분을 대통령 공관 운영비 등으로 사용했어. 1919년 12월에서 1921년 8월까지의 내역서를 보면 임시정부로 보낸 돈은 전체 애국금 가운데 18.5%뿐이었다고 해.

임시 대통령의 위법 또는 범죄 행위가 있을 경우 총원 5분의 4 이상의 출석, 출석원 4분의 3 이상의 가결로 탄핵 또는 심판 할 수 있다.
- 대한민국 임시헌법 제21조 제14항

임시정부는 헌법에 의거해서 이승만에 대한 탄핵 절차를 밟았고, 결국 이승만은 대통령직에서 물러나게 됐지.

새로운 세상을 꿈꾸며

"호헌 철폐!"
"직선제 개헌!"

1987년 6월민주항쟁 기간에 시민들이 가장 소리 높여 외친 것은 바로 이 두 가지였어.

그리고 새로운 헌법은 우리에게 이전과는 다른 새로운 세상을 가져다 줬어. 대통령 직선제는 기본이었고, 다시는 군인들이 군사 반란을 일으켜 권력을 잡지 못하도록 군인의 정치적 중립을 헌법에 명시했어. 또 아무리 대통령이라도 헌법 위에 있어서는 안 되며, 만약 대통령이 큰 잘못을 저지른다면 헌법재판소에서 이를 심판할 수 있도록 했어. 예전의 헌법이었다면 꿈도 꾸지 못할 변화였어.

"그렇다면 이제 우리 헌법은 완벽한가요?"

하지만 혹시 이렇게 묻는다면, "세상에 완벽한 것은 없어"라고 대답할 수밖에 없을 것 같아.

대신 지금의 헌법이 1987년 6월민주항쟁을 통해 나온 최선의 헌법이라고 말할 수는 있을 것 같아. 그렇지만 시대가 변하면 과거엔 문제가 없어 보였던 것들이 문제점을 드러내기도 해.

1987년 이후 많은 시간이 흘렀어. 그래서일까? 개헌에 대한 요구도 많아지고 있지.

앞으로 개헌이 이루어진다면 어떤 내용이 들어가면 좋을까? 아마 저마다 새롭게 헌법에 담고 싶은 내용이 있을 거야.

나는 헌법에 '국민이 안전할 권리'가 좀 더 확실하게 들어갔으면 좋겠어. 물론 지금의 헌법에도 국민의 안전과 관련한 내용이 있기는 해.

국가는 재해를 예방하고 그 위험으로부터 국민을 보호하기 위하여 노력하여야 한다.
- 헌법 제34조 6항

하지만 아무리 봐도 너무 두리뭉실해 보여. 노력은 하겠지만 책임을 지겠다는 말은 안 보여. 안전은 우리의 생존과 직결된 것인데 말이야. 나는 얼토당토않은 사고로 우리의 생존을 위협받는 일이 벌어질 때마다 국가가 우리의 안전을 책임진다는 확실한 보장이 꼭 필요하다는 생각이 간절해져.

아마 나처럼 누구나 헌법에 새롭게 담고 싶은 내용이 있을 거야. 친구들도 한번 곰곰 생각해 봐.

그러려면 현재 헌법에도 관심을 가져야 해. 그래야 새로운 헌법에 어떤 내용을 담으면 좋을지 생각할 수 있잖아. 무엇보다 헌법에 어떤 내용이 담기느냐에 따라 우리가 사는 세상이 달라져. 1987년 6월, 시민들의 힘이 새로운 헌법을 만들고, 새로운 세상을 만들었던 것처럼 말이야.

| 부록 |

한눈에 보는 6월민주항쟁과 민주화의 역사

〈6월민주항쟁 주요 일지〉

1987년 1월 14일
서울대생 박종철, 경찰의 물고문으로 사망

4월 13일
전두환 정권 4·13 호헌조치 발표

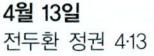

5월 18일
천주교 정의구현전국사제단, 박종철 고문치사 사건이 은폐되었다는 성명 발표

5월 27일
민주헌법쟁취 국민운동본부 발족

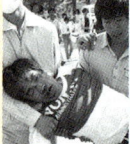

6월 9일
연세대생 이한열, 시위 도중 경찰이 쏜 최루탄을 맞고 쓰러짐

6월 10일
민주헌법쟁취 국민운동본부, 범국민대회 개최(전국에서 학생, 시민 등 24만여 명 참여)

6월 12일
연세대생들, 살인적 최루탄 난사에 대한 규탄대회 진행

6월 15일
서울 명동성당 점거 농성 투쟁

6월 18일
민주헌법쟁취 국민운동본부, 최루탄 추방의 날 선포

6월 26일
민주헌법쟁취 국민운동본부, 국민평화대행진 시위 강행(전국에서 학생, 시민 130여만 명 참여)

6월 29일
전두환 정권, 직선제 개헌과 평화적 정부 이양을 약속하는 6·29 선언 발표

7월 5일
이한열, 최루탄 피격으로 의식 불명 상태에 있다가 사망

7월 9일
이한열 장례식에 수많은 국민 참여

12월 16일
13대 대통령 선거 직선제로 치러짐

〈한국 민주화의 역사〉

1960년 3·15 부정선거
자유당 정권, 제4대 정부통령 선거에서 부정선거

1960년 4·19혁명
부정선거에 항의하여 전 국민 항쟁 일어남, 자유당 정권 몰락

1961년 5·16 군사쿠데타
박정희를 비롯한 군인들의 군사쿠데타로 군정 실시

1972년 10월유신 쿠데타
박정희 대통령, 무력 동원해 헌법 개정하여 영구 집권 시도

1979년 10월 부마민주항쟁
부산, 마산의 학생, 시민들이 유신 독재에 반대하는 민주항쟁 일으킴

1979년 10·26사태
김재규가 박정희 대통령 사살, 유신 체제 무너짐

1979년 12·12군사쿠데타
전두환과 정치군인 일파, 군사쿠데타로 실권 장악

1980년 5·18민주화운동
광주와 전남 일대에서 5·18민주화운동 일어남, 전두환 일파의 계엄군이 시민 사살

1987년 6월민주항쟁
대통령 직선제 개헌과 민주화를 촉구하는 전 국민적인 민주항쟁 일어남

1987년 6·29 선언
전두환 정권, 전 국민적인 저항에 굴복하여 대통령 직선제 개헌 등을 약속

2016년 10월~2017년 3월
국정농단 진실 규명을 요구하는 전 국민적 촛불집회 열림, 3월 10일 박근혜 대통령 파면됨

부록 147

왜 천천히 읽기를 해야 하는가?

'천천히 읽는 책'은 그동안 역사, 과학, 문학, 교육, 지리, 예술, 인물, 여행을 비롯해 다양한 주제와 소재를 다양한 방식으로 펴냈습니다. 왜 천천히 읽자고 하는지 궁금해하는 독자들이 있어서 몇 가지를 밝혀 둡니다.

- '천천히 읽는 책'은 말 그대로 독서 운동에서 '천천히 읽기'를 살리자는 마음을 담았습니다. 천천히 읽기는 '천천히 넓고 깊게 생각하면서 길게 읽자'는 독서 운동입니다.

- 독서 초기에는 쉽고 가벼운 책을 재미있게 읽을 수 있는 방법으로 시작해야겠지요. 그러나 독서에 계속 취미를 붙이기 위해서는 그 단계를 넘어서 책을 깊이 있게 긴 숨으로 읽는 즐거움을 느낄 수 있어야 합니다. 그래야 문해력이 발달합니다.

- 문해력이 발달하는 인지 발달 단계는 대체로 10세에서 15세 사이에 시작합니다. 음식을 천천히 씹으면서 맛을 음미하듯이 조금 어려운 책을 천천히 되씹어 읽으면서 지식을 넘어 새로운 지혜를 깨달을 수 있습니다.

- 독서 방법에는 다독, 정독, 심독이 있습니다. 천천히 읽기는 정독과 심독에서 꼭 필요한 독서 방법입니다. 빨리 많이 읽기는 지식을 엉성하게 쌓아 두기에 그칩니다. 지식을 내 것으로 소화하기 위해서는 정독이 필요하고, 지식을 넘어 지혜로 만들기 위해서는 심독이 필요합니다.

- 어린이들한테는 쉽고 가볍고 알록달록한 책만 주어야 한다고 생각하는 어른들이 있습니다. 그러나 독서력이 높은 아이들은 어렵고 딱딱한 책도 독서력이 낮은 어른들보다 잘 읽습니다. 그런 기쁨을 충족하지 못할 때 반대로 문해력도 발달하지 못하면서 책과 멀어지게 됩니다.

'천천히 읽는 책'은 독서력을 어느 정도 갖춘 10세 이상 어린이부터 청소년과 어른까지 읽는 책들입니다. 어린이, 청소년과 어른들(교사와 학부모)이 함께 천천히 읽으면서 이야기를 나눌 수 있는 읽기 자료가 되기를 바라는 마음에서 만들고 있습니다.